增訂七版

中國近代史

薛化元　編著

三民書局

國家圖書館出版品預行編目資料

中國近代史 / 薛化元編著. －－增訂七版四刷. －－臺
北市: 三民, 2019
面; 公分
參考書目: 面
ISBN 978-957-14-6059-8 (平裝)

1.近代史 2.清史 3.中華民國史

627.6   104016007

© 中國近代史

編 著 者	薛化元
發 行 人	劉振強
著作財產權人	三民書局股份有限公司
發 行 所	三民書局股份有限公司
	地址　臺北市復興北路386號
	電話　(02)25006600
	郵撥帳號　0009998-5
門 市 部	(復北店)臺北市復興北路386號
	(重南店)臺北市重慶南路一段61號
出版日期	初版一刷　1995年8月
	增訂七版一刷　2015年10月
	增訂七版四刷　2019年2月
編 　 號	S 620360

行政院新聞局登記證局版臺業字第○二○○號

有著作權·不准侵害

ISBN　978-957-14-6059-8　（平裝）

http://www.sanmin.com.tw　三民網路書店

編寫要旨

一、本書乃參考中國近代史領域諸多前輩的研究，編纂而成。因非學術性著作，且囿於篇幅，故正文中不一一註明出處，而於書後參考書目中列明所參考的著作，以示不敢掠美之意。

二、本書的編著得力於郭廷以的《近代中國史綱》、張玉法的《中國現代史》、國立編譯館的《中國近代現代史》、李定一師的《中國近代史》、李守孔師的《中國近代史》諸書甚多。而有關臺灣部分，則隅谷三喜男等、黃昭堂、若林正丈、石田浩、楊碧川等人的著作，是重要的參考書籍，特此說明。

三、至於本書中許多論點，有關國際政治及國際法的部分，多得自李定一師的課堂；有關近代史的史料及史實部分，則多得自李守孔師的課上；至於有關思想及論證部分，則多得自李永熾師的課堂。其中諸多觀點，至今仍未正式出版，在此特別感謝老師們過去的教導。

四、至於有關中國共產黨及中華人民共和國史部分的初稿，實得力於專攻中華人民共和國史的李福鐘兄之大力鼎助，才得以完成，在此特誌謝忱。

五、有關本書的體例部分，原則上採中國紀元，附上西元紀元。唯為尊重史實起見，凡外國史事則原則上採西元紀元，而日本領臺期間亦採西元紀元，至於中共政權統治下的中國大陸，則採西元紀元，再附上民國紀元。

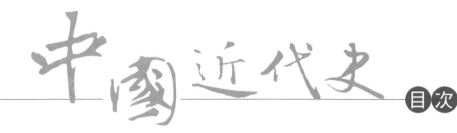

目次

編寫要旨

第一章 近代變局與自強運動

第一節 外力衝擊

中西正常交流的中斷

自從新航道發現以後，不少歐洲的商人和傳教士相繼東來。商人東來的目的是尋找商業機會，而傳教則是傳教士不遠千里而來的主要目的。其中傳教士為了打進中國的上層社會傳教，往往以介紹西方的科學知識及技術作為手段。另一方面，他們也吸收中國文化，傳回歐洲。因此，在有意無意之間，傳教士成了中西文化交流的橋樑。

但是，由於各個教派之間，對於尊重中國傳統文化，特別是祭祀孔子、祖先、天地，是否違反基督教義見解不一，互相攻擊。在清聖祖在位期間，教皇採納多明我派 (Dominicans) 的意見，一反自耶穌會利瑪竇 (Matteo Ricci) 以來尊重中國傳統的作法，禁止教徒祭祀祖先。如此，使得基督教義與中國傳統文化發生嚴重衝突，傳教士的工作大受影響。後來，傳教士又介入清世宗及其兄弟之間爭奪皇位的宮廷內鬥。結果，清世宗繼位以後，在雍正元年 (1723) 便下令：除了擔任欽天監等職務的傳教士外，一律逐出中國（澳門除外），並禁止人民入教。雖然如此，耶穌會士由於得到世宗的諒解，仍然繼續東來。不過，隨後教皇停止耶穌會士在中國的傳教工作，中國方面的教禁也日趨嚴厲，中西文化的正常交流，在欠缺中間的媒介後，便告中斷。從此，中國人對西方近代文化的發展，固然不甚了了，西方對中國的了解，也不若從前。

結果，除了志在謀利的商人之外，中西文化已無接觸的機會，而彼此

的隔閡也日愈加深。

天朝的世界觀與中英爭端

自從宋朝「中國本位文化」❶逐漸強固以後，中國的國際關係，傾向只有天朝上國對藩屬的關係，欠缺國交平等的概念。對於外國商人到中國進行貿易，往往視為「嘉惠遠人」的措施。清朝基本上也是抱持此一態度來看待當時中外的商業行為，同時，也以類似看待藩屬的方式，來對待新興的西方列國，視之為「番邦」或「夷人」。

但是，中國的主要貿易對象——大英帝國，國勢日益壯大，在 1815 年終結歐陸拿破崙 (Napoleon Bonaparte) 的霸業後，更成為西方第一強國。而且，原本在十八世紀工業革命以後，即企圖積極打開國際的市場，整個情勢的發展，不願意再以過去中英的關係為已足，自也不願繼續接受中國天朝觀下的國際關係。截然不同的態度，給雙方的關係種下了不安定的種子。

在十九世紀以前，中外的貿易往來，各國大體上皆採獨佔制。特別是英國的東印度公司，與廣州的洋行，是最重要的貿易對象。由於貿易受到限制，加上洋行拖欠「夷商」的債務日趨嚴重，「夷商」感到保護不足，因此強烈要求改善。在此背景下，應東印度公司之請，英國於乾隆五十七年 (1792) 及嘉慶二十一年 (1816)，先後派遣馬戛爾尼 (George, Lord Macartney) 及亞美士德 (William Pitt, Lord Amherst) 為使，至清帝國尋求關係的突破。但是，由於覲見皇帝的禮儀問題，以及其要求不合「天朝體制」，無功而返。亞美士德被清朝驅逐後，英國已經放棄再遣使至北京談判的企圖。而因為貿易所引發的零星衝突，則始終不斷。

中英爭端的加劇

雖然英國方面尋求改變中英關係的努力，沒有成功，但是，作為中英

❶ 中國本位文化：根據傅樂成教授的研究，中國本位文化的三個要素——民族意識、儒家思想學說、科舉制度——在唐朝安史之亂以後漸次具足。而在宋朝，中國本位文化的日漸強固，成為主導國家文化與對外關係發展的關鍵因素。

圖 1　廣州的十三行

關係中，英方代表的東印度公司，商業利益為其主要考量，因此勉強接受既有中英關係的格局。不過，英國國會在自由貿易的趨勢下，於嘉慶十八年 (1813) 通過議案，取消東印度公司獨佔英國東方商務的權利，對於中國的貿易，則允許其再壟斷二十年。此舉為中英關係投下了新的變數。

　　道光十三年 (1833)，英國派任上議院議員律勞卑 (Lord Napier) 為第一任駐中國商務總監督，接管原來東印度公司大班的職權，負責管理英商，並有審理刑事海上罪犯之權及徵稅權。出身貴族的他，作為大英帝國的官方代表，除了注意貿易的利益之外，對於能否以直接、平等的公文書與兩廣總督往來十分在意。律勞卑認為如此才能維護英國應有的尊嚴，也才合乎英國的利益。但是，對兩廣總督盧坤而言，律勞卑的行動不僅破壞原有的習慣，更是違反天朝的體制，自然難以接受，中英雙方的關係陷入低潮。

　　為了打破僵局，盧坤一方面對中國的行商施加壓力，一方面則放出將「封艙」暫停貿易的傳聞，希望藉由一心想維持貿易往來的英國商人對律勞卑施壓。然而律勞卑態度亦十分強硬，竟下令軍艦衝進虎門，與要塞守軍發生砲戰，而到達黃埔。盧坤則加緊對商館的封鎖，欲激起廣州英商對律勞卑的不滿。

　　引發衝突影響貿易的正常進行，使律勞卑面對英商的反彈。他又對下令軍艦衝進虎門之舉，事後感到有逾越英國政府授權之處，因此在自己水

土不服的情況下態度便告軟化，而離開廣州，抵達澳門，不久以後就病死了。其後繼任的人選，既出身東印度公司，又因等待英國政府新的命令，因此並沒有積極的作為。清廷政府則以為事情已經過去，一切貿易依舊進行。

道光十六年 (1836) 底，查理‧義律 (Charles Elliot) 升任商務監督，由於他對過去中英交涉十分熟悉，亦有意改善關係。次年底由於外相巴麥尊 (H. J. T. Palmerston) 訓令，禁止對中國官方用稟呈，更不得由行商轉呈，義律的努力遂告失敗。

同年年中，英國政府接到義律報告，報告中指出由於中國官方正在討論鴉片問題，有引發危機的危險。巴麥尊便下令英國東印度艦隊司令率軍艦至廣東，英國政府的政策已經表現了以武力為後盾的態勢，雙方的關係更呈惡化。

林則徐的禁煙

道光十八年 (1838) 在弛禁鴉片的主張消失後，鴻臚寺卿黃爵滋上奏主張嚴禁鴉片。因此，道光皇帝下詔，徵求各地方督撫的意見。其中湖廣總督林則徐明白表示，若是不能嚴禁鴉片，數十年之後不但「幾無可以禦敵之兵」，亦「無可以充餉之銀」。道光皇帝大為賞識，因此命其入京商議，曾在七天之內召見八次。

同年底命林則徐以欽差大臣的身分赴廣東，負責禁煙事宜。本來，黃爵滋及林則徐的原議，著重在嚴懲吸食者，使鴉片市場萎縮。但是，道光皇帝則強調斷絕供給來源是首要目標。所以，次年初林則徐至廣州以後，首先便調查鴉片私販的情形，同時下令各國商人交出鴉片，並具結不再販賣。

由於過去中國官員對外行事政策有未能徹底貫徹之問題，商人因此也心存敷衍，僅繳交一千多箱鴉片。林則徐大怒，下令「封艙」，撤出在夷館的華籍工作人員。義律聞訊趕到廣州商館，當晚林則徐出兵包圍商館，禁止出入，被幽禁的外國人大感不便。

　　林則徐採用這些措施，一方面以停止貿易欲使正常商人向義律施壓，另一方面則藉此迫使鴉片商人交出存放在外海船隻及伶仃島等地的鴉片。義律屈服，以顧全各國人民安全為由，下令英商繳出鴉片，由他出據代收後，再交結中國官方。如此一來，本來是中國官方沒收沿海商人走私的違禁品，竟成為中國政府接收英國政府的鴉片。

　　四月二十二日（陽曆六月三日）林則徐在虎門海灘，費時二十多天後才完成銷毀鴉片的工作。他本來可以見好就收，卻因為具結及其他相關問題尚未解決，不肯他調。因此，道光皇帝便尊重他的意願，調他為兩廣總督。另一方面，義律則將局勢報告英國政府，等待指示。

英國開戰的理由

　　具結問題沒有解決，九龍又發生了英國水手打死林維喜案。林則徐要求交出兇手，義律則堅持自行審判，審判結果最重者不過處罰金和六個月的徒刑而已，這與「殺人償命」的中國法律觀念差距甚遠。因此，林則徐進一步促使澳門當局驅逐英人。義律與英商困居海上，不久後即率增援軍艦一艘強入九龍，中英雙方發生武裝衝突，各有死傷。

　　本來英國政府接到收繳鴉片的報告後，政策仍然搖擺不定。等到林維喜案的報告送達，英國政府才以商務受限、國旗受侮為由，主張開戰。而國會中的反對黨議員則大力反對，抨擊以國旗保護違法的鴉片買賣行為，強調因此而開戰是可恥的行為。最後，內閣的政策勉強得到國會的支持，以「報復」(Reprisal) 為名的戰爭於焉展開。

　　道光二十年 (1840) 年中，義律的堂兄喬治・懿律 (George Elliot) 率領的艦隊抵達廣東，宣布封鎖廣州。

戰爭的發展

　　林則徐早在抵粵之初，就派人翻譯《澳門月報》以求了解「夷情」，他主張撥款造船製砲，雖未被道光皇帝採納，仍然積極籌辦海防。而英國增援軍隊一到達廣東海面，林則徐馬上通知各省督撫防備，但除了福建以外，

大多以事不關己，並無回應。

英國本來的戰略即是揮軍北上，因此並未攻擊廣州，而先佔領浙江定海（舟山），再進兵大沽口。面對英國武力的威脅，道光皇帝信心動搖，下詔嚴責林則徐（後加以革職）。直隸總督琦善毫無準備，根本無力作戰。因此，對英交涉時便一意敷衍，只求英軍速撤。英國方面則以為琦善已接受巴麥尊照會的要求，加上英軍水土不服，懿律乃率軍艦南下。同年年底，懿律因與義律意見不合稱病返國。

琦善旋被任命為兩廣總督，以收拾殘局。而義律發現琦善並未接受英方條件，也無意儘速解決問題後，便出兵攻佔虎門的大角、沙角砲臺。琦善被迫答應接受國交平等、割讓香港、賠償六百萬元、恢復廣州貿易等條件，並秘不上奏，企圖私了。而道光皇帝得知英軍佔領砲臺後，於道光二十一年 (1841) 初，正式向英宣戰，並派他的侄子奕山率軍至廣東「剿夷」。其後得知琦善擅自割讓香港後，更下令將其抄家。

義律得知琦善撤職後，便下令攻擊虎門。奕山所率領的軍隊，一戰即告潰敗，便再與義律妥協。而英國政府得到前述義律與琦善達成的草約後，也認為義律違背訓令，要求太少，便加以免職，而代以樸鼎查 (H. Pottinger)。

樸鼎查抵粵後，先率兵北上攻陷廈門，繼而佔領鎮海、寧波。道光二十二年 (1842) 正月，奕經的反攻行動大敗。英軍則從四月起，陸續攻下乍浦、吳淞、上海，最後佔領鎮江，截斷漕運，六月更攻抵南京。

南京條約

中國至此已無力再戰，乃由欽差大臣耆英與樸鼎查簽訂《南京條約》。內容主要有：開廣州、福州、廈門、寧波、上海為通商口岸，英國可以在此派駐領事；割讓香港；賠款二千一百萬元（含鴉片價款六百萬元、商欠三百萬元、軍費一千兩百萬元）；秉公議定進出口關稅「則例」；兩國官方文書往來，使用平行款式。

這些內容對中國當然不利，但是否必須依傳統的說法，稱為不平等條約，則可以再商榷。因為戰爭失敗，所簽訂的和約，基本上都是不平等的，

此一不平等乃是戰敗國不利的情勢所導致，而非條約本身所造成。至於真正的不平等條約，應該強調的是，雙方在平等協商的狀況下，甲方利用乙方對於某些事項的無知或無法防範的狀況下，誘使乙方簽訂對其不利的條約。這與今天違反《公平交易法》的精神，誘使消費者簽訂對其不利的契約類似。

在此前提下，《南京條約》實在沒有必要稱為不平等條約，否則戰敗國對於簽訂的和約幾乎都可稱為不平等條約，反而容易失去不平等條約的精義。

不平等條約的開端

真正不平等條約的開端，是在《南京條約》簽訂之後，耆英與英方以換文方式簽訂的《善後章程》，其中英國取得了損害中國主權的領事裁判權，當英國人與中國人在中國領土發生衝突時，排除了中國政府依據「領土高權」❷對英國人的管轄權。

而鴉片戰爭的發生，中國方面固然是因查禁鴉片而起，英國官方則認為是因商務與政治問題而用兵。因此鴉片問題在條約可以不必規定，但《南京條約》有關通商事宜等規定則需要進一步加以規範，以求實現。

道光二十三年 (1843)，便陸續有《清英五口通商章程》及《虎門條約》的議訂。在《清英五口通商章程》中，除了正式協定關稅，明確規定領事裁判權之外，並且允許英國軍艦進入通商口岸停泊。而在《虎門條約》中，英國則取得在通商口岸可以「議定界址」，以租賃房屋或租地自建的居住權，以及中國有「新恩施及」他國時，英國可以「一體均霑」的權利。

美法的跟進

次年，美國使節顧盛 (C. Cushing) 與法國使節剌萼尼 (T. de Lagrené) 相繼抵華。首先耆英與顧盛簽訂的《清美五口貿易章程》（通稱《望廈條約》）

❷　對人高權指的是主權國家對於其國民有管轄權。領土高權指的是主權國家對於其領土範圍內的人民（包括外國人在內）有管轄權。

中，除了割地、賠款之外，美國取得與英國同樣的利益，同時擴大領事裁判權的範圍，及於中國境內涉及美國人的衝突，並規定十二年修約一次。法國與者英簽訂的《清法五口貿易章程》（通稱《黃埔條約》）中，則除了取得英、美同等的權利外，更加上中國地方官必須「嚴拘重懲」損害教堂、墓地的行為。後來，法國更以出兵定海要挾，取得天主教弛禁，以及發還康熙年間沒入的天主教堂等事項。

其後荷蘭、比利時、丹麥諸國亦要求比照，中國官方也都允許依據新的辦法進行「互市」。中外關係自《南京條約》以後，由天朝體制走進了嶄新的階段。

習　題

一、傳教士東來，在中西文化交流所扮演的角色為何？
二、林則徐原本禁煙主張與道光皇帝的意見不同之處為何？
三、《南京條約》是不是不平等條約？為什麼？

第二節　內亂頻仍

盛世末期的亂事

清初康熙、雍正、乾隆三朝，歷時一百多年，是中國歷史上罕見長時期的盛世。而長期治世的結果，嘉慶初年人口較清初增加數十倍，超過三億人。相對而言，耕地面積的成長則相當有限，這使得人地比率急速惡化，社會不安的因子於焉形成。

而乾隆在位期間，更是清代由盛轉衰的關鍵。在財政方面，多次用兵與屢次巡幸的耗費，更使累積的國庫剩餘幾乎耗盡。晚年又寵信和珅，和珅主政二十多年，吏治急速腐化。嘉慶皇帝後來雖將和珅抄家、查辦，也想整飭吏治，成效卻十分有限。

事實上不待嘉慶皇帝即位，乾隆晚年便發生川、湘、黔三省的苗亂，特別是嘉慶元年 (1796) 發生的白蓮教亂，更波及四川、湖北、陝西、河南、湖南諸省，前後歷經十年才告平定。而後，各地變亂始終不斷。道光皇帝即位以後，亦頗為用心，希望能維持帝國的不墜。但是，鴉片戰爭的發生，提供帝國內部沉潛的動亂因子進一步爆發的更佳條件。

鴉片戰爭的衝擊與內亂

廣東、浙江、江蘇是鴉片戰爭的主要戰場，除了應付暫時的徵伕、徵糧外，紳商捐助餉銀亦所難免。戰後為了籌措賠償經費，除由浙江、江蘇省庫先行「借撥」第一批賠款外，更要求各省分攤，並限期追收，人民負擔加重。加上通商的擴大，鴉片進口數量固然增加，其他洋布、洋棉的進口，也影響土布、土棉的市場。五口通商使廣州不再獨佔對外貿易，商品運銷路徑的改變，則嚴重衝擊原本廣東與福建、湖南之間的運銷人力需求與商機。

而鴉片戰爭的失敗，不僅影響了清廷的威信，也呈現了清廷對外作戰的弱點。特別是戰後廣州附近的紳民對英人的強力抗拒，相較於地方官員對英方要求的退讓，也引發不滿。因而鴉片戰爭結束後，兩廣及湖南的亂事頻仍。以天地會為首的會黨更是主要的亂事發動者，天地會曾經佔領廣西十一個府中的八個。至於太平天國，則是在此一歷史條件下發生的最大動亂。

洪秀全與拜上帝會

太平天國的主要領導人洪秀全，是出身廣東花縣的讀書人。他早年希望能通過科舉考試，而青雲直上。不過，前後四次到廣州應考，卻始終名落孫山。在第三次落榜之後，他生了一場大病，病後便自認受有天命。第四次應考失敗，適逢中國在鴉片戰爭中失利，西方的船堅砲利打開了中國閉鎖的門戶，新的變局已然形成。

洪秀全返家後，閱讀多年前傳教士送他的《勸世良言》，便將病中的夢

圖 2　太平天國反清進軍路線圖

　　境與書中的內容結合，自稱是上帝的次子，成立拜上帝會，同鄉馮雲山是其最得力的信徒。他們批評孔子，不見容於鄉里，便外出發展。

　　道光二十四年 (1844) 洪、馮二人至廣西傳教，一開始信徒不多，洪秀全因食宿問題遂回廣東，而馮雲山則更往偏僻的桂平縣紫荊山一帶發展會務。三年之間教徒人數大增，石達開、楊秀清、蕭朝貴、韋昌輝等人亦紛紛入會。早期會眾以來自廣東的客家人最多，這與他們和本地的土著關係不佳，在械鬥中養成團結的意識有關。

　　另一方面，洪秀全除了在廣東傳教以外，在道光二十七年 (1847) 也向美國傳教士羅孝全 (I. J. Roberts) 學習《舊約》。其後，再到紫荊山，以教主的身分領導會務的擴展。道光三十年 (1850)，道光皇帝過世，洪秀全乘機積極籌劃起兵，六月下令各地信徒向金田村集中，年底俟會眾集中後開始展開軍事行動，旋正式高舉太平天國的旗號。

太平天國的崛起

拜上帝會是太平天國的核心組織，教義則是其凝聚內部的重要精神力量，不過，在對外宣傳方面，太平天國亦注意到激發滿漢仇恨的重要性，並以此吸收更多支持者，減少阻力。

當太平天國起兵之時，廣西民變四起，而太平軍由於有宗教作為團結的工具，逐漸受到注意。咸豐元年 (1851) 正月，廣西提督向榮、廣州副都統烏蘭泰先後率兵圍剿，太平軍則不斷突破圍堵，勢力甚大。同年閏八月攻下永安州，正式建立制度，以洪秀全為天王，封楊秀清為東王、蕭朝貴為西王、馮雲山為南王、韋昌輝為北王、石達開為翼王。欽差大臣賽尚阿見太平軍勢大，遂集中兵力進行圍剿。太平軍受到壓力，咸豐二年 (1852) 遂突圍採取北上的策略，而以攻佔南京作為重要目標。

太平軍先攻桂林不克，復揮兵北上，攻陷全州。全州之役，馮雲山中砲身亡，是太平軍一大損失。其後，太平軍再沿湘江北上，途中招兵買馬，聲勢大振。圍攻長沙，蕭朝貴中彈而亡，太平軍再圍攻逾二個月，清軍由舉人左宗棠籌劃戰守，太平軍始終無法攻陷。旋攻下岳陽，取得大量軍械，實力大增。

咸豐二年底，攻下武漢三鎮。次年初，全軍順長江而下，攻陷九江、安慶、蕪湖，而於二月佔領南京。旋決定定都於此，改名天京。

太平天國發展之所以如此快速，除了前述原因之外，與軍紀嚴明有相當關係。相對而言，清軍軍紀不佳，人民對於太平軍不但不排斥，亦多有歡迎之心，自有利於太平軍的擴張。

太平天國的戰略

太平天國定都以後，又東佔鎮江、揚州，以穩定天京的局勢。清軍方面，向榮率軍跟隨太平軍之後，結營於南京城外，號稱江南大營；琦善率軍自河南南下，結營於揚州城外，號稱江北大營，但對天京的實質威脅並不大。

太平天國進而採取北伐、西進的行動，其中西進乃是希望重新取得長江中、下游的控制權，將領、兵力遠勝於北伐軍，曾攻下武昌，也是與清軍進行長期攻防戰的主要戰線。

北伐軍雖然曾攻進直隸，兵臨天津，但並非主力。其後，太平軍雖先後出兵援救，皆半途即告失敗。咸豐五年 (1855)，北伐軍主帥林鳳祥、李開芳相繼被俘，北伐軍遂告全軍覆沒。

太平天國的內訌

太平天國攻佔南京以後，天京城內發生一連串嚴重的內鬥事件。早年即曾自稱「天父下凡」的東王楊秀清，一再故技重施，壓迫洪秀全，掌握大權。咸豐六年 (1856)，天王不堪壓迫，遂召北王韋昌輝入衛。北王趕回天京後，發動兵變，除誅楊秀清家族之外，並大殺所謂的東王餘黨數萬人，太平軍起兵時的主要幹部，大半被殺，北王專擅大權。

翼王石達開聞訊自武昌趕回，欲阻止北王，北王復謀殺翼王，石達開乘夜脫走，僅以身免。石達開至安慶後，集兵東征，天王乃結合天京的楊秀清餘黨誅殺北王，並召石達開入朝。

石達開重用陳玉成及李秀成，結合捻眾，重新穩定了太平天國的陣腳。但是，洪秀全經歷東王、北王的專權後，對石達開並不信任。其後石達開遂率眾離開天京，形同獨立發展，至同治二年 (1863) 兵敗四川大渡河，投降被殺，餘眾亦遭屠殺。

經過一連串內訌之後，太平天國實力大傷，僅賴忠王李秀成、英王陳玉成支撐大局。

太平天國的覆亡

其中陳玉成雖然年輕善戰，但是不善馭將。他與曾國藩所部的湘軍，在安慶一帶苦戰多年，保衛天京的上游。同治元年 (1862)，兵敗之後被誘捕。李秀成雖然曾席捲上海、

圖 3　洪秀全的印璽印文

鎮江以外的江南重地，但是已陷入兩線作戰的困境。

同治三年 (1864) 四月洪秀全自殺，六月，曾國荃攻破天京，李秀成逃脫後旋即被俘，幼主洪天貴福逃走，九月於江西被捕殺。次年年底，太平天國餘部除與捻眾合流者外，在廣東被左宗棠剿滅。

太平天國敗亡之因

太平天國起兵以後，聲勢雖然浩大，但是並沒有持續佔領固定的領土。又未乘勝全師北伐，喪失與清廷一決勝負的良機，是戰略上一大失策。

其後天京的內訌，使太平軍領導的菁英大部被害。石達開脫離以後，太平天國起事之初的重要幹部，已不復存在。至此，太平天國實力大損，只能圖存，而無力推翻清廷。

再者，天王自稱是上帝的次子，太平天國對待外國的態度，猶如鴉片戰爭前清廷自視為天朝上國一般。列強既無法從太平天國處取得原有的「利權」，且咸豐十年 (1860)《北京條約》簽訂後，列強又從清廷得到新的利益，遂採取協助清廷作戰的立場。如此，先使太平軍無法順利攻下財餉重地上海，後又以軍事援助清軍出擊，影響太平天國的大局。

最後，則是太平天國的宗教立場，排斥中國傳統文化及民間信仰，而造成士大夫及一般人民的反彈。湘軍即是在此一歷史背景下，逐漸成長、茁壯，而終成為剿滅太平軍的主力。

湘軍及後續的發展

咸豐二年 (1852)，曾國藩因母喪開缺返鄉。年底，奉命督辦湖南團練，以保衛鄉土。曾國藩則以團練不足以應付太平軍，轉而主張訓練新軍，而得到咸豐皇帝的認可。他所訓練的新軍，即是湘軍。

曾國藩率領湘軍對抗太平軍，強調是為傳統道德名教而戰，而避開太平天國的排滿主張不提。至於湘軍的將領，多由忠義而通曉軍事的士大夫出任，是其特色之一。湘南大儒羅澤南所訓練的湘勇，則是湘軍的基礎。

湘軍與太平軍之戰，乘天京內訌取得武漢是一大關鍵。以後湖北巡撫

胡林翼，即是曾國藩最重要的支持者。直到咸豐十年 (1860) 李秀成席捲江南，曾國藩出任兩江總督，以欽差大臣督辦江南軍務以後，湘軍正式取代了綠營。但是，湘軍的軍紀，特別是在晚期也呈現敗壞的樣態。而曾國荃率湘軍攻破天京以後，入城的湘軍燒殺掠奪，根據研究，四十歲以下的婦女幾乎全部被擄，至於老者與幼童皆難逃遭殺戮，估計死者約二、三十萬。為了因應這個嚴重的大屠殺事件，曾國藩除了要曾國荃稱病回籍休養之外，也解散了大量軍紀敗壞的湘軍。

在湘軍之後，李鴻章召募其父所訓練的團練為骨幹，練成淮軍，制度大抵沿襲湘軍，亦富地方色彩，但軍紀與精神則難與湘軍成軍之初相比，且私人關係更重，影響了日後軍隊制度的發展。

捻　亂

捻本是安徽、河南、山東一帶民間迷信的組合，由於成員頗多無賴，竟演變成為股匪。太平軍佔領南京以後，捻匪乘機大作，並與太平軍互通聲氣，捻首張洛行並曾封為沃王。同治二年 (1863)，僧格林沁捕殺張洛行，平定苗沛霖。其後苗沛霖復叛，張洛行餘眾則由其侄張宗禹率領，與部分太平軍合流。

同治四年 (1865)，僧格林沁中伏戰死，曾國藩奉命剿捻，時曾所部十二萬湘軍因為軍紀問題等因素平定太平天國後已經裁撤，遂以淮軍為主力。曾國藩指揮淮軍不能順手，又被彈劾督師無功，便推薦李鴻章繼任，同時捻軍則分東、西兩股流竄。李鴻章師法曾國藩的戰略，先平東捻，其後結合左宗棠之力，於同治七年 (1868) 平定西捻。

回變紛起與平定

回人由於有共同的信仰，文化程度又高，有強烈的民族及宗教意識，與漢人之間常生衝突❸。而在雲南及西北，特別嚴重。

❸　回人中的漢回並無與漢人相對的強烈民族意識，此處所提的回人，主要是指回回。有關回人文化程度及民族意識的敘述，參見郭廷以，《近代中國史綱》，頁

　　咸豐六年 (1856)，雲貴總督恆春擔心回人可能作亂，便在各地屠殺回人，乃激發大規模的回變，其中以東路馬如龍（原名馬現）及大理杜文秀二股力量最大。後來，馬如龍先被岑毓英招撫。岑氏出任雲南巡撫以後，先結合馬如龍在昆明對抗杜文秀的圍攻。同治八年 (1869)，昆明解圍，岑毓英下令揮兵西征，至同治十二年 (1873) 克復大理，杜文秀自殺，雲南回變才告落幕。而杜文秀之所以能支持多年，實乃因其施政不分回漢，深得民心所致。

西北回變

　　中國西北各省回人人數較多，加上官吏多偏向漢人，吏治又腐化，糾紛不斷。同治元年 (1862)，陝西又發生漢回衝突，適逢西捻張宗禹與合流的太平軍進入陝西，陝、甘回人乘機蜂起，衝突擴大。而新疆回人聞陝甘回變起，天山南北二路回人紛紛叛變，中亞浩罕王應回人之請，亦派阿古柏 (Yakub) 入疆。阿古柏次第領有新疆全境，得到英國及土耳其的承認，俄國也強迫阿古柏與其訂約，新疆淪入外人之手。

　　同治七年 (1868)，左宗棠奉命率湘軍西征，以平定回亂。次年，肅清陝西，殘回奔甘肅。同治九年十一月（1871 年 1 月），攻克寧夏金積堡，誅回首馬化龍。次年三月，平定寧夏全境。同治十二年 (1873)，左宗棠率軍攻克肅州，平定嘉裕關內的回亂。

　　至於新疆回變及阿古柏，清廷內部則意見不一，李鴻章主張以海防為重，放棄新疆。左宗棠則以塞防為重，力主必須武力解決，也可以鞏固西北。而同治十三年 (1874) 日本出兵臺灣事件解決以後，左宗棠的意見逐漸得到重視，光緒元年 (1875) 先奉諭督辦新疆軍務，次年又力排眾議，正式進兵新疆。

　　光緒三年 (1877) 攻進天山南路，阿古柏見情勢不利，自殺。同年底，湘軍劉錦棠攻佔喀什噶爾，新疆回變平。光緒十年 (1884) 新疆建省，由劉錦棠出任巡撫。

175–176。

習　題

一、乾隆在位期間，清朝的財政及吏治，為何急速惡化？

二、太平天國敗亡的原因為何？試申論之。

三、同治期間海防論與塞防論的爭議中，對新疆的態度有何不同？最後政府的政策為何？

第三節　自強運動

師夷長技以制夷的提出

受到鴉片戰爭的刺激，魏源出版了《海國圖志》，書中提出了著名的「師夷長技以制夷」的說法。對他而言，為了要了解西方，固然必須設置翻譯館來引進「夷書」，但是大體上，西方所長者終究只是「技」，而不是「學」，因此，主要是透過巧匠的學習即可。

縱然如此，魏源的主張提出以後，後來在日本固然受到重視，在中國則沒有實質的影響。直到太平天國之亂及英法聯軍之役，魏源的主張才逐漸受到重視，而成為自強運動重要的理論基礎。

英法聯軍之役的發生

《南京條約》簽訂後，由於粵人堅拒英人進入廣州城，爭執不斷。而徐廣縉、葉名琛相繼擔任兩廣總督，又抱持民意可用的態度，排斥英人，問題始終無法解決。後來，英方要求修約遭拒，雙方關係更趨惡化。

咸豐六年 (1856)「亞羅 (Arrow) 船事件」發生，加上廣西西林教案，英法兩國遂以此為由，決定出兵。次年，英法聯軍攻陷廣州，葉名琛被擄。咸豐八年 (1858)，聯軍北上攻佔大沽，清廷求和，簽訂四國《天津條約》。除了英、法之外，美國、俄國也在簽約之列。之所以如此，乃是因為美、

俄雖然沒有出兵，在外交上則與英、法站在同一戰線所致。

咸豐九年 (1859)，英法使臣率軍艦北上換約，不肯至北塘上岸，大沽守軍發砲，雙方衝突又起。由於沒有完成換約，《天津條約》也沒有生效（次年換約後才生效）。次年，英法再度出兵，攻進北京，清廷遂與四國簽訂《北京條約》，除了沿海之外，內陸也有新開放的口岸，列強勢力由海口深入中國內地。

經過此役，清廷的王公大臣親身經驗西方船堅砲利的火力優勢，負責談判的恭親王奕訢及文祥等人更是首當其衝，他們也是以後清廷中央推動自強運動的主要動力。

太平天國經驗的刺激

湘、淮軍將領在太平天國的戰役中，透過與常勝軍等西式軍旅的協力作戰，對於學習西方的船堅砲利，也產生前所未有的動力。

對曾國藩、李鴻章、左宗棠等人而言，推動自強運動的動機，除了蘊涵「師夷長技以制夷」的用意外，也有便利對內壓制太平天國的考量。

外國地位的確立

在中國傳統天朝體制之下，除了中國是天朝上國，理論是別無與其平等的國家存在。因此，視西方列國是夷狄之邦，將處理與列國有關的事務視為夷務，在天朝體制下，乃是順理成章之事。鴉片戰爭的失利，《南京條約》的簽訂，對清廷而言，是意外的奇恥大辱。道光皇帝為此更自責不已，曾下詔其死後不得入祀太廟。

英法聯軍之役，用武力改變了原有的格局。其中再要求正式的國交平等，以及公使駐京，本是當時一般國際的常態，卻是當時中外交涉的關鍵。《天津條約》簽訂後，咸豐皇帝甚至不惜以取消關稅為代價，交換公使不得駐京。不過，通商本非法國的重點，而英國固然注重商業利益，國交平等及使臣可以和權責機關直接往來，更是日不落帝國的起碼外交要求。因此，《北京條約》的簽訂，並未改變此一內容。同時，在中國官方文書上，

圖 4　總理各國事務衙門

也出現以「外國」替代夷人的現象，「夷務」也逐漸成為歷史，「洋務」則
取而代之。

　　為了因應此一新的情勢，恭親王奕訢不願各國公使與軍機處直接往來，
便決定在《辦理通商善後章程》中，設立總理各國事務衙門（通稱總理衙
門）。另一方面由於新增通商口岸，所以將天津、牛莊、登州三口合設北洋
通商大臣，上海則設南洋通商大臣負責原有五口及長江沿海新開口岸。以
後北洋大臣成為直隸總督的兼職，南洋大臣則成為兩江總督的兼職，是推
動洋務的關鍵職務。

辛酉政變

　　咸豐十一年 (1861) 初，總理衙門成立，雖然被視為自強運動的開端，
但究其實乃是因應新局勢的需要。

　　同年，咸豐皇帝去世，遺命怡親王載垣、鄭親王端華及肅順等人為「顧
命八大臣」輔政。而恭親王奕訢則與兩宮太后密謀，於同治皇帝與兩宮太
后返京之際發動政變，誅殺載垣、端華、肅順，垂簾聽政之局底定，恭親
王奕訢掌握中央大權，是為「辛酉政變」。此後，自強運動才正式成為清廷
的政策。

圖 5　曾國藩　　　　　　圖 6　李鴻章

自強運動的發展

從咸豐十一年 (1861) 到甲午戰爭，自強運動成為清廷重要的政策。以後，雖然自強運動似乎已不再是歷史的重點，但是洋務卻仍然持續推動，甚至取得更多士大夫的支持，後起的張之洞、劉坤一成為重要的人物。因此，作為洋務運動的自強運動在甲午戰後雖告一段落，洋務運動本身則仍然存續，只不過其歷史的角色已有所轉變。

大體而言，自強運動最早注重的是「強兵」，進而引進與「強兵」有關的建設。繼而因為財源的考量，而轉為以「強兵富國」作為政策推動的目標。最後已有部分人士認識到富國、商務的重要性甚至超過「強兵」，「富國強兵」才逐漸有成為自強運動目標的態樣。

而從咸豐十一年 (1861) 到甲午戰爭 (1895) 三十多年之間，自強運動的開展，可以粗分為三個階段。咸豐十一年 (1861) 到同治十一年 (1872) 是第一階段；而後到光緒十年 (1884) 是第二階段；其後則是第三階段。

第一階段

在此一階段，由於曾國藩、李鴻章等負責實際推動的官員，除了已經

認識到「師夷長技以制夷」的重要性外，也意識到船堅砲利並不只是「長技」而已，其背後是以「（西）學」為基礎的。換言之，自強運動雖是以魏源的主張為重要的理論基礎，主持人對西方的認識，則已經超越了魏源。

　　不過，無論是學習「西技」或是引進「西學」，都是以「強兵」作為重心，因此如何引進新式軍械（無論是外購或是自製）是此一階段的重點工作。值得注意的是，同治元年 (1862) 在北京設立的同文館，或是次年在上海設立的廣方言館，固然都培養引進西方文明所需的人才，但是，同治三年 (1864) 籌設的江南製造局（次年正式成立），則因為附設譯書局，大量譯書的結果成為中國讀書人認識「西學」的重要管道，也成為進一步要求以「西學」主張進行改革的重要歷史條件。

第二階段

　　同治十一年 (1872)，曾國藩實現其早年的主張，選派幼童赴美留學。此後沈葆楨、李鴻章等地方督撫也紛紛派人至德、法、英等國留學，學習海、陸軍及相關製造事宜。

　　同年，基於軍事工業的考量，李鴻章也大力主張開發煤、鐵，以解脫對外國原料的依賴。另外，為了軍事的需要以及外爭利權，他也大力創設輪船招商局。至遲在同治十三年 (1874)，他也以軍事為主要考量，明白主張設置鐵路、電（報）線。至於商務的建設，則是以籌款為目標，因此採用官督商辦或官商合辦的方式進行。

第三階段

　　由於光緒十年 (1884) 清法戰爭的影響，恭親王奕訢下臺，光緒皇帝的生父醇親王奕譞代之。在此一階段的自強運動中，各種產業的興辦日趨重要，包括新的造紙、紡紗、織布、火柴等工業陸續開辦，規模較前一階段擴大許多。富國之道的講求，已經成為自強運動重要的一環。

　　基本上，整個自強運動推展的過程中，學習西方船堅砲利的方向是一致的。只不過相對而言，在第一階段西式軍械的引進是其重點，而第二階

軍火工業
船舶修造
礦冶業
紡織業
公用業
海軍基地
新式學堂

開平煤礦1878年李鴻章

天津機器製造局1867年崇厚
天津電報總局1880年李鴻章

江南製造局1865年李鴻章
輪船招商局1872年李鴻章
上海機械織布局1890年李鴻章

漢陽鐵廠1890年張之洞

安慶軍械所
1861年曾國藩

湖北織布局1888年張之洞
（先在廣東後遷武昌）

福州船政局1866年左宗棠

圖 7　自強運動示意圖

段的內涵則較為多元化。而無論是直接派人出國留學，開發重工業的原料，
主張開辦鐵路、電信事業，乃至基於籌款考量發展官督商辦或官商合辦事
業，也都是基於追求船堅砲利的目標，所衍生出來的事項。到了第三階段，
前述兩階段的工作也依然持續，不過可以獲利的富國事業，在建設上則成
為此一階段的特色。

自強運動的理論

　　前面已經提及，自強運動開展之初，主要的推動人物，如曾國藩、李
鴻章等人固然是以追求「師夷長技以制夷」作為主要目標，但是他們所引
進的不只是「西技」，也包括其背後的「西學」。

　　而在整個自強運動（包括甲午戰後仍然持續的洋務運動亦然）的推展

過程中，西學（包括西技）的引進，置於中國當時官定意識型態的思考理路，是在「用」或「器」的層次。至於「體」或「道」的層次則是屬於中學的範疇，不容西方的制度及價值介入。這也是「中學為體，西學為用」思想的展現。

就引進西學的主張來考察，早期多是與船堅砲利有密切關係的自然科學，如算學、格致學……隨後由於認識到船堅砲利並非西方富強的唯一因素，商業、工業的重要性固不待言，甚至連內政層面的法律、議會制度也不容忽視。因此，主張自強的士大夫或在野的菁英分子，便主張更廣泛的引進西學，從算學、格致學等自然科學的學習，擴而及於商學、法學等諸學科及政治制度層面。這是在曾國藩、李鴻章等人之外，他們的幕僚或是交往的人士中，所提出的主張或方向。

當然，他們的主張仍以不牴觸中學為體的價值，而與曾、李相類，透過這些西學的引進，進一步來捍衛、補強中國舊有的根本價值和制度，其中尤其是以三綱五倫為核心的道德價值之維護，是他們引進西學共同的目標及底線。

郭嵩燾的見解

在以官方機構作為推動自強運動主體的「實然」狀態之下，從富國強兵的思想中，開展出由民間來興辦洋務，以及富民的主張，是自強運動主張中，一個不容忽視的變奏。

與曾、李關係十分密切的郭嵩燾，即是此一思想方向的開風氣者。在平定太平天國之亂時，他曾經出任廣東巡撫一職，後來出任中國第一位正式派駐在外國的使臣。由於對於西方文明的讚美超過時人所能想像，他所著的《使西紀程》甚至被下令毀版，禁止流通。他注意到「西洋立國，自有本末」，強調內政改革才是追求富強的根本，可以說是開以後變法維新思想的先河。

郭嵩燾認為在人民生活困苦之際，政府追求富強是不切實際的。而自強運動的開展，特別在富國事業上，也應該積極鼓勵民間參與。後來他更

進一步主張，政府所應該著力的，在於「廣開西學館，使民稍服習其業，知其所以為利，庶冀人心所趨，自求之而自通之」。

就實質而言，在民間對西方文明認識不足，民智未開的狀況下，主張以民間作為主體來推動相關的富國事業，可能會造成政府抽手以後，洋務推展的倒退。因此對於他的主張究竟是激進或是保守，研究者也有不同的看法。不過，由於他認為應由民間作為主體的主張，則對日後的富民思想有開風氣之功。

富民思想的發展

富民思想正式出現檯面，則是馬建忠的重要見解。他在〈富民說〉中，開宗明義便指出：「治國以富強為本，求強以致富為先」。而為了扶植本國的產業，以及提高中國商品的國際競爭力，因此他要求降低傳統偏高的出口稅，而設法提高進口稅。

同時，基於補強中國商人在資本上的不足，他力主學習西方的公司制度。一方面籌募資金，以避免因周轉問題，為「外商牽掣」；另一方面則希望能藉此舉合併散商，以減少中國絲茶商人內部的競爭。如果此舉仍不足以解決資金的問題，他認為應由國家出面借外債，再轉貸民間公司，以積極的作為「轉貧民為富民，民富而國彊」。

馬建忠的富民思想一旦施行，最大的獲利者無疑是投資產業的商人。薛福成對此就較為警覺，認為發展實業的結果，將不免有「利歸富商」的現象。不過，他並未因此退縮，反而進一步主張「利歸富商，則猶在中國」，還「可分其餘潤，以養我貧民」，因而帶有扶植民族資本家與西洋商人抗衡的味道。

習　題

一、自強運動的主要動力為何？曾、左、李推動自強運動之初，其動機又為何？

二、自強運動引進西學的主張，隨著時空條件的不同，其主張引進的層面有何改變？

三、富民思想的出現，主要的提倡者為誰？薛福成對此有何不同的見解？

第四節　臺灣的開發與建設

臺灣歷史的傳說與荷蘭領臺

　　臺灣位居中國大陸東南方，地理上與中國大陸十分接近。因此，傳說三國時代的孫權以及隋朝都曾經派兵至臺灣。不過，這些傳說基本上欠缺足夠的歷史依據。在清帝國派兵滅鄭氏政權，領有臺灣以前，中國歷代政府都未曾在臺灣本島設官治理，只有元帝國及明帝國曾斷斷續續在澎湖設巡檢司。因此，在海洋時代來臨，西方列國逐漸向亞洲發展之時，中國政府對澎湖與臺灣本島二地的政策便截然不同。

　　1602 年荷蘭東印度公司成立，積極向東方發展，並多次攻擊澳門、金門、廈門、澎湖等地。1604 年荷蘭第一次佔領澎湖，旋被沈有容擊退。1619 年荷、英更建立軍事同盟關係，對抗西、葡。同年，荷蘭在巴達維亞建立總督府，1622 年荷蘭與英國聯合襲擊澳門，被葡萄牙擊敗。荷蘭艦隊旋佔領明帝國沒有持續駐守的澎湖，並在媽宮風櫃尾建造「紅毛城」。明天啟四年 (1624)，明軍大舉反攻，荷人無法抗衡，便離開澎湖，東來大員建立殖民地。根據目前的研究成果，荷蘭佔有臺灣，可能是從澎湖撤軍的條件之一。換言之，對明帝國的官員而言，勸誘荷蘭人離開澎湖，前往不屬於明帝國版圖的臺灣建立殖民地，是守土有責的落實。至於出面協助說服荷蘭人退出澎湖的，是當時勢力極大的海商李旦❹。當時明帝國的官員除了支持荷蘭人移往臺灣外，還願意因此保證與荷蘭建立經貿關係。

　　就從此時開始，傳統歷史記載荷蘭正式領有臺灣，直到 1662 年初被鄭

---

❹　鄭芝龍實際上是出自李旦的海商系統，過去常將鄭芝龍與顏思齊視為一個集團的說法，已經被翁佳音教授的考證推翻。

成功擊敗，退出臺灣為止，共計三十八年。但其實當時荷蘭人控制的是臺灣南部，直到 1642 年荷蘭才以武力逐出在臺灣北部建立殖民地的西班牙人。同時日本方面由於先前即有海商在臺灣進行貿易❺，也拒絕承認荷蘭在臺灣有課徵關稅之權，雙方也曾數度衝突，其中最著名的是濱田彌兵衛事件。最後由於與日本貿易的商業利益十分龐大，日本德川幕府的態度又十分堅持，荷蘭方面甚至將臺灣的「長官」(gouverneur)❻（荷蘭駐臺最高負責人）交給日本，以解決雙方的爭執。其後，由於日本鎖國政策❼，便沒有日本人來臺灣進行貿易，原有的關稅爭議，正式落幕。

西班牙的殖民

荷蘭在臺灣南部建立殖民地後，1626 年來自馬尼拉的西班牙人也在雞籠舉行佔領儀式，興築城堡，繼而在淡水附近建立據點。1629 年擊敗北上的荷蘭軍隊後，再溯淡水河，勢力涵蓋八里坌、北投、里族（今松山）、大浪泵（今大龍峒）等臺北盆地各社。

西班牙佔領臺灣北部後，準備以此為據點，至日本和中國大陸貿易、傳教，也希望讓臺灣北部成為貿易中心。但是日本 1633 年起陸續實施鎖國政策，西班牙的殖民計畫受挫❽，加上菲律賓南部伊斯蘭教徒反抗西班牙

---

❺　由於日本商人早在荷蘭建立殖民地之前，就長期在臺貿易未曾交稅，當時荷蘭東印度公司在日本貿易亦享有免稅待遇，因此拒絕交稅給荷蘭當局。1626 年日人濱田彌兵衛來臺貿易，與荷蘭當局發生衝突。1628 年濱田再率船隊來臺，荷蘭當局以其來意不善，扣留其商品與軍火，濱田幾經折衝，才取回物品返國，而後日方關閉荷蘭商館以為報復。

❻　根據曹永和教授指出，荷蘭駐臺負責人，或有譯為「太守」、「長官」者。

❼　日本鎖國政策：1635 年，日本德川幕府嚴禁日人、日船外航，旅居海外的日人亦不許返國，違者處死。1637 年島原之亂後，更使幕府徹底禁教，禁止日人與外人貿易或航行海外，完成鎖國體制。

❽　日本人違禁往臺灣（北部）貿易者並不多，西班牙人欲從臺灣往日本進行商業、傳教事業亦不可行，降低了西班牙在臺殖民的意願，投入臺灣經營的人力也告減少，這是西班牙在臺灣殖民競爭中被荷蘭擊敗的原因之一。

統治，遂拆毀淡水的城堡，減少駐軍。而荷蘭取得在日本貿易的特權後，於 1642 年進攻雞籠，西班牙守軍投降，結束在臺灣的殖民。

荷西時期的傳教與教化

西方人東來除了追求經濟利益之外，傳教事業的推動也是殖民重要的目的。因此無論是荷蘭或是西班牙人，在臺灣進行殖民統治的時期，對於傳教都有相當程度的推廣。

1624 年荷蘭人佔領臺灣南部以後，1627 年已有傳教士來臺傳教，二位重要的傳教士甘治士 (G. Candidius) 和尤尼伍斯 (R. Junius) 先後來臺傳教，效果頗佳。而荷蘭人使用武力不斷討伐原住民部落，擴大佔領區域後，在其控制的領域致力於推廣傳教事業。為了便於推廣傳教事業，荷蘭人不僅建立了教堂，設立了學校，並且以羅馬拼音為原住民創造文字，其中流傳至今最著名的史料就是所謂的「新港文書」。文字的出現對於臺灣原住民生活文化的記載與傳承，固然有正面的意義，但是荷蘭當局的目的仍是為了傳教事業，因此文字的出現、使用，相對的也便利基督教文化壓制原住民本身原有的宗教信仰和文化。荷蘭時代對原住民傳教較為用心，對漢人移民的傳教相對有限，為了達到傳教的目的，有時候甚至帶有強制的性質。一般認為，這也是造成荷蘭時代原住民對荷蘭當局統治不滿的重要因素之一。

就荷蘭人在臺灣的傳教事業而言，教會與殖民體制關係密切。一方面透過宗教的傳布，達成傳教的本來目的，連帶的可加強對原住民的掌控；另一方面，傳教士在各地的傳教，往往又兼任荷蘭當局所賦予的地方行政工作。

根據記載，到 1659 年，新港、麻豆、目加溜灣三社熟悉教理的信徒都超過人口比例的 50%，甚至超過 80%。而荷蘭傳教士使用羅馬拼音的原住民新港文，直到十九世紀仍然是部分原住民簽訂契約所使用的文字，其影響之深遠可見一斑。

至於西班牙人出兵佔領臺灣，原本的考量除了擴展商業的領域之外，就是傳教。不過，由於日本禁教、鎖國的政策，使得西班牙傳教、商業業

務遲遲沒有進展，因而在臺灣北部的傳教事業，成為西班牙人當時重點的工作之一。本來漢人在西班牙人未來之前，在此地大多是季節性的短期居留，往來於臺灣與中國大陸之間。不過在西班牙人佔領臺灣北部後不久，漢人在北臺灣地區便有購屋定居並成立街市的現象，因而當時西班牙人除了推動原住民信仰之外，也為漢人及來臺的日本人設立教堂。來臺傳教的神父除了西班牙籍之外，另外至少曾有兩位以上的日籍神父。

從西班牙佔領雞籠，於 1627 年在臺灣設立教區開始，經過十六年的傳教努力，不僅使得將近四千名的居民改信天主教，更值得注意的是，透過傳教活動，也促進了西班牙人與其他住民的互動。當時臺灣北部不少的住民，多少懂得西班牙語，甚至不乏能操流利西班牙語者。而西班牙統治北臺灣的時間雖然短於荷蘭統治南部，不過北臺灣原住民的語彙中仍存在一定數目的西班牙外來語彙。

荷蘭的經貿拓展

荷蘭人原本尋求佔領澎湖，乃是期待將澎湖作為貿易的中繼站，包括日本、中國大陸與巴達維亞的貨品皆可透過澎湖來轉運。荷蘭人轉來臺灣以後，基本上便是將臺灣作為實現原本政策的據點，亦將臺灣作為國際貿易重要的一環。但是基於主客觀的因素，臺灣在荷蘭人統治期間，不僅是單純貿易的轉運站，本身生產的物資也供荷蘭東印度公司對外輸出獲取利益。本來荷蘭據臺之初，糧食必須自外地供應，為了增加生產力，荷蘭當局招徠中國大陸沿海的漢人，提供資金與牛隻等優惠，開墾以大員為中心的臺灣南部地區，吸引了大批漢人前來。而漢人來臺進行拓墾的結果，糧食的生產量大增，不僅供應臺灣本地的需求綽綽有餘，而且可供大量外銷。此外，甘蔗的生產也大幅度的成長，成為重要的輸出商品。在 1648 年，荷蘭人從臺灣農產品輸出所賺取的利潤，便高達二十萬金盾。此外，當時臺灣四處可見的鹿群也成為荷蘭人掠奪外銷的重要物資。

當然，臺灣在荷蘭的統治策略下，所扮演的主要角色，是荷蘭經貿網絡中的國際貿易轉運站，主要的貿易對象則是東亞大陸、日本和南洋。當

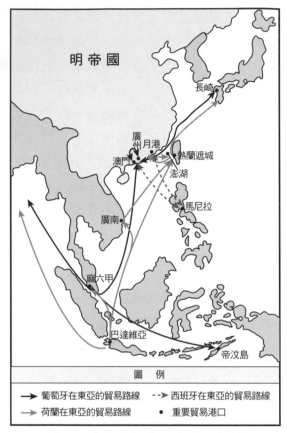

圖 8　十七世紀東亞貿易網絡圖

時臺灣的蔗糖主要賣到日本、波斯等地，稻米及鹿角、鹿脯則賣到中國大陸，至於帶有濃厚戰略物資性質的硫磺，則販售到當時戰亂紛爭的日本及中國大陸。日本或歐洲的鹽，以及從南洋買進的香料、胡椒等，則經由臺灣運往中國大陸銷售；相對地從中國大陸買進生絲、絹綢、瓷器和藥材，則再轉售日本、波斯或歐洲。如此龐大的國際貿易，使得臺灣曾經是荷蘭東印度公司僅次於日本最大的獲利地區。至於向臺灣原住民及漢人移民收取各種苛捐雜稅，以及收取貿易的海關稅、臨時捐等等，也是荷蘭東印度公司相當重要的收益。

荷蘭對臺灣的剝削與壓制

荷蘭領有臺灣時期，正是歐洲重商主義十分流行的時代，前述荷蘭當局的經貿拓展及其對臺灣的統治策略，也是十分典型的重商主義式殖民政策。一方面以臺灣優越的地理位置，透過轉口貿易，獲取商業利益；另一方面則是出口臺灣生產的糖、鹿皮、米等物品，以追求經濟利益。而對於臺灣，並沒有投入心力進行建設。

為了強化臺灣作為轉運站的特質，荷蘭統治者發展出一系列的措施。為有效控制臺灣內部，荷蘭採取分化族群的策略，使漢人與原住民對立，也分化原住民各村社，使其不致結合反抗荷蘭的統治❾。

面對原住民的反抗，荷蘭當局除了採取強力鎮壓外，對於控制區域也採取間接統治的方式。其中對原住民反抗，以麻荳事件和大肚王最為著名。

由於荷蘭當局逐漸加強對原住民的控制，引起麻荳社（今臺南麻豆）原住民的不滿。1629 年，荷蘭當局派兵至麻荳社搜捕漢人海盜，要求原住民協助。麻荳社人假意協助，在麻荳河將荷蘭人推入水中溺斃。事發後，荷蘭雖未立即處理，但到了 1635 年，荷蘭部隊及新港社（今臺南新市）原住民聯合攻擊麻荳社。麻荳社原住民戰敗，被屠殺、焚村，只好向荷蘭投降。在荷蘭當局展現強力軍事行動的威嚇下，歸順荷蘭的原住民部落迅速增加，荷蘭人至此大致控制了臺灣西南部地區。

荷蘭時代臺灣中部包括臺中、彰化、南投的一部分受到大肚王的領導，未臣服於荷蘭當局。荷蘭取得西班牙在臺灣北部的殖民地後，於 1644 年及 1645 年，兩次出兵攻擊大肚王。大肚王反抗失敗後雖表示降服，但大肚王

---

❾　例如東印度公司給予漢人獵鹿的權利，漢人如果獵捕過盛，自然引起原住民的反感。在雙方矛盾時，荷蘭當局便採取暫時性的禁獵措施，一方面緩和原住民反彈，加深其對荷蘭的支持；另一方面則又造成漢人獵戶的損失，使其對原住民出現敵意。又如荷蘭人掠奪原住民活動的土地，派漢人前往開墾，造成漢人侵害原住民生活空間的印象。一旦漢人與原住民之間發生衝突，荷蘭當局便可以敵對力量迅速鎮壓。

仍然維持半獨立的狀態，拒絕荷蘭在其轄區內傳教。

荷蘭當局要求征服區域內的原住民各社選出長老，每年集會，稱為地方會議 (Lanedag)。隨著荷蘭勢力的擴張，地方會議分成北部、南部、東部和淡水四區，每年集會一次。此外，各地設有政務員，多由傳教士擔任，各社長老必需向他報告。

另一方面，荷蘭當局對來臺開墾的漢人，課以各種的苛捐雜稅，壓制嚴厲，因而引起漢人的反抗，其中最具規模的就是郭懷一事件。郭懷一因為不滿荷蘭當局的壓榨，於 1652 年計畫襲殺荷蘭長官，因洩密而被迫提早起事。當時，不僅荷蘭軍隊裝備較佳，且協助荷蘭當局的原住民也相當強悍，強勢壓制了郭懷一的反抗，參與的漢人及婦孺慘遭殺戮，被殺害者估計超過五千人。

鄭成功驅逐荷蘭人

荷蘭人雖然領有臺灣，取得龐大的貿易利益，但是，當時臺灣海峽的制海權，操在以鄭芝龍為首的海上勢力手中，因此，荷蘭人亦與其達成協議。

鄭芝龍降清後，其子鄭成功抱持反清復明的壯志，漸次擊敗其他競爭勢力，兼控有臺灣海峽的制海權。鄭成功北伐失敗後，又遭到清軍不斷的攻擊，鄭成功決定採用原荷蘭在臺通事何斌的建議，於 1661 年出兵進取臺灣。次年，荷蘭人在等不到援兵，又面對鄭成功的優勢兵力，才投降退出臺灣。不過，隨後荷蘭人又轉往臺灣北部發展，而後因鄭經派兵攻擊才撤出。

鄭氏的經營

鄭氏家族自鄭成功以降，歷經鄭經、鄭克塽三代在臺經營，直到康熙二十二年 (1683) 才被施琅攻滅。

其中，鄭成功反清復明的意志最堅定，將臺灣易名為東都。同時為了經濟上及軍事上的需要，以及安頓隨他來臺的軍隊，開始在臺灣進行屯田、開發。

不過，就在成功驅逐荷蘭人的那一年，鄭成功就過世了。由於留守金、

廈的鄭經私通幼弟的乳母，先前曾被鄭成功下令處死未果，此時便發生繼承問題，最後鄭經再從金、廈出兵臺灣，取得控制權，將臺灣易名東寧。因為鄭經先是在中國大陸沿海與清軍對抗，兵敗回臺灣後，主要政事仍是信用陳永華。所以在鄭經統治期間，實際上主導臺灣行政，孜孜進行經營的，則是陳永華。

陳永華一方面鼓勵開墾，興設學校，以推廣文教；另一方面則積極推動對外貿易，以增加軍事背後所需的經濟力量。

其後鄭經趁三藩之亂出兵，康熙十九年 (1680)，三藩之亂漸次平定後，清廷向其在中國大陸的據點展開軍事行動，鄭經再次失去中國大陸沿海所有的據點，敗回臺灣，不久即過世。

鄭氏政權的建立與權力繼承

1. 從東都到東寧：

鄭成功出兵臺灣後，以東都稱呼全臺，改普羅文遮城為承天府，同時將臺灣南部已經開發的地區在北部設為天興縣，南部設為萬年縣。熱蘭遮城投降後，改為安平鎮，並正式在澎湖設安撫司，其正式的中央組織仍在廈門。

鄭經繼位後，在清帝國與荷蘭聯手攻擊下，於 1664 年失去中國大陸沿海據點，退到臺灣，改東都為東寧，天興、萬年二縣改為州。自稱「建國東寧」，「別立乾坤」，儼然是獨立的王國。

2. 權力繼承與權力鬥爭：

鄭氏政權雖以「反清復明」為號召，鄭成功在金廈時已經「政由己出」，在明桂王死後，也沒有擁立繼位者，以至於當繼承出現爭端時，無法依據帝國的制度或禮法來解決。

1662 年，鄭成功過世，集團內部分裂，臺灣的部眾擁立其弟鄭世襲，而金廈則推其子鄭經繼位。最後，鄭經從金廈出兵，擊敗鄭世襲，取得繼承權。1681 年，鄭經過世，雖遺命由長子鄭克塽繼位，但鄭氏家族內部不服，結果發生政變，鄭克塽被殺，由年僅十二歲的次子鄭克塽繼位。

墾殖的推展

鄭成功來臺以後，首先便面對兩萬多名士兵糧食不足的情形，因而採取兵屯的方式，由部隊赴各地進行耕作，稱為營盤。此一寓兵於農的政策，後來鄭經也繼續實施。一方面可以彌補兵糧不足的現象，同時也有以武力控制各屯墾地區的意義。

鄭氏時代墾殖的區域，以承天府、安平鎮附近為中心，漸次向南北開墾。大體上，南至鳳山、恆春，北至嘉義、雲林、彰化、埔里、苗栗、新竹、淡水和基隆等地，都可看到漢人的拓墾。但是除了臺南附近之外，其餘各地的拓墾，則大體上呈點狀的分布。

漢人移民

鄭成功攻佔臺灣後，漢人大規模移民，除了鄭氏的官兵與眷屬外，還有流亡的明朝遺民，以及被招來的流民。荷蘭時代在臺漢人約有二萬五千人，鄭氏時期居臺者估計已達十二萬人之數，其中絕大多數是男性，總數約略超過當時的原住民。

原住民的抗爭

在實施屯田制度的同時，雖然官方一再強調不可侵佔原住民及原有漢人的耕地與漁區，不過實施的結果仍然使得原住民原有的活動空間為之縮小，因此造成部分原住民的不滿。由於鄭成功的軍隊需要的兵糧甚多，漢人移民耕作收穫，遭到較過去更為嚴重的剝削；而以大肚王為代表的原住民，則與鄭成功的軍隊發生大規模的武裝衝突。

其後，鄭氏政權為了軍事的需要，派原住民搬運糧食，因勞役過重，曾引發各地原住民相率殺各社通事、搶奪糧餉的事件。最後，鄭氏政權以武力鎮壓，才告平定。

漢文化的推展

鄭氏政權統治臺灣期間所推動的文教事業，主要是由陳永華推動的。1666 年位於臺南的孔廟落成，當局又命令各里、社設學校，同時成立類似國子監的學院。當時鄭氏政權設立學校的目的，在於培養官僚的人材，而透過學校的系統也是欲出仕者的重要途徑，是後來漢文化在臺開展的基礎。

此外，流亡來臺的南明大吏，則對民間文教推動頗有貢獻。其中最著名的是沈光文，他早在荷據時代即在臺灣開館授徒，後來因為鄭經所忌，逃避於羅漢內（今高雄市內門區）繼續從事原住民的教化工作。

國際經貿的發展

日本本來就是鄭氏政權重要貿易地，加上鎖國政策下，臺灣的船隻仍被准許赴日本貿易，雙方建立密切的經貿關係。當時臺灣銷往日本的貨品主要是本地出產的蔗糖和鹿皮，以及部分的米穀，另外則是從中國大陸轉銷日本的絲綢、藥材等等；相對的臺灣從日本輸入的貨品則主要是軍事物資，而部分的進口金屬礦也轉銷東南亞以賺取貿易的利益。整體而言，鄭氏政權對南洋的貿易以呂宋為主，但到日本的船數往往超過南洋貿易的兩倍以上。

此外，鄭氏政權由於與荷蘭交惡，外交上採取聯合英國東印度公司的策略。當時，最積極推動與臺灣貿易關係的是英國，1670 年英國東印度公司派船來臺，並希望透過臺灣，打通對中國大陸及日本的商業關係。但是由於荷蘭人的阻礙，無法打破日本鎖國的限制；另一方面，鄭氏政權與中國大陸貿易關係並不穩定，特別是三藩之亂以後，與清軍作戰失利，1680 年（康熙十九年）鄭經失去在中國大陸沿海的地盤，本身的經濟也相當困難，與英方的經貿幾乎停擺。而臺灣可供貿易轉手的商品大幅減少，臺灣出外進行貿易的商船也在貨品減少、船隻折損狀況下，降到最低點。

鄭氏政權與大清帝國

鄭經時代，清廷曾七次派員與其交涉，最初鄭經要求採取朝鮮稱臣納貢不薙髮的模式，清方則主張鄭經薙髮登岸。後來，鄭經趁三藩之亂攻回福建時，清方曾答應鄭經可以採朝鮮模式，但鄭經則要求保有濱海島嶼及閩南沿海四府；後來鄭經要求海澄為雙方共管地，為清廷拒絕。鄭經死後，鄭氏政權內部紛亂，清帝國最後採取武力解決的方式，攻滅鄭氏政權。

施琅攻臺

康熙二十二年 (1683)，施琅率軍攻臺，在澎湖與劉國軒率領的軍隊發生戰鬥，劉國軒兵敗，退回臺灣。當時臺灣已出現清軍內應，鄭克塽便決定投降。而自從鄭成功入臺以後，臺灣與澎湖已成為一體，清廷領臺亦延續此一現狀。

清廷對臺政策

清廷自始對於領有臺灣一事，並不積極，甚至曾經只要鄭氏投降入貢即可。因此，施琅攻克臺灣，清廷也曾打算將臺灣的漢人移民遣送回中國大陸，而放棄臺灣。由於施琅力爭放棄臺灣將不利於中國東南海防，加上擔憂與清廷對抗的力量入據臺灣，更將造成威脅，清廷才改變政策。

由於清廷對領有臺灣一事，是基於避免敵對力量在臺發展的政策考量，不僅對臺灣的開發並不積極，甚至以政策阻礙臺灣的開發。其中最明顯的是，嚴格限制移民資格，不准移民攜眷在先，來臺居住者亦不得返鄉招來家眷。如此一來，在鄭氏時代臺灣漢人男多於女的現象並沒有改變，移民中亦頗有與原住民通婚者。

行政力量薄弱與吏治不良

在清廷消極治臺的政策下，臺灣的行政區劃與官員配置不足，是行政力量無法有效控制臺灣的重要因素。不僅體制上編制不足，而且許多地方

官都駐在府城，並未赴縣治。諸羅、鳳山兩知縣一直到朱一貴事件以後，才分別赴縣治上任，可以看出政府機能未能有效運作的現象。加上地處帝國邊陲的臺灣，制度不上軌道，給與胥吏差役需索的空間，吏治自然更形敗壞。在大清帝國體制下，縣以下必須仰賴仕紳階層的協助，才能有效進行社會控制。清領初期，臺灣欠缺仕紳階層，不僅不利於社會控制，也難以制衡貪官污吏。貪官污吏的需索，使農民的負擔更為沉重，這也是當時臺灣社會不安的一個重要因素。

分類械鬥

在清廷行政官員、駐防兵力有限的情況下，無力維持地方治安。而移民面對經濟或是社會的衝突，便招群結黨，以求自保。一旦發生衝突，往往以分類械鬥的方式私了。

基本上，械鬥發生的原因，大抵可以分為三種： 1.經濟性因素：人民常為爭奪田地、水源，發生結黨私鬥。 2.社會性因素：遊民人數眾多，好勇鬥狠，嘯聚成群，常因細故發生大規模衝突。 3.政治性因素：由於行政區劃不足，官方行政、司法權力鞭長莫及，加上吏治敗壞，人民衝突往往未循體制解決。

械鬥的群體與彼此之間自我的凝聚與認同有關，其中以原鄉祖籍的認同最受重視，另外也有以姓氏及職業別而展開的械鬥。其中閩客鬥、漳泉鬥以及泉州內部分縣的械鬥發生頻率最高，較著名的械鬥，如彰化的漳泉械鬥、噶瑪蘭的漳泉客械鬥、西螺的李、鍾、廖三姓的械鬥。另外還有職業同行間之械鬥，如挑夫械鬥。移民來自不同的原鄉，並非械鬥發生的主因，而是械鬥各方動員的社會網絡或條件。換言之，是在行政力量不足，也欠缺仕紳階層的社會控制下，成為械鬥雙方進行有效動員的一種社會條件。

三大民變

不良的吏治與官方對民間結社或是械鬥的鎮壓，則是引發抗官民變的主因。在清廷統治臺灣期間，有三次規模較大的民變，分別是康熙六十年

(1721) 的朱一貴事件，乾隆五十一年 (1786) 的林爽文事件以及同治元年 (1862) 的戴潮春事件。

朱一貴事件的主因是吏治不良，由於臺灣知府苛政，引發民怨，朱一貴便帶頭反抗。朱一貴事件是清廷治臺之後第一次大規模民變，也是三大民變之中唯一閩客合作的叛亂，但在勢力擴大之後，朱一貴卻與客籍首領杜君英發生衝突，造成內鬨。清廷政府自大陸派兵來臺平亂，逮捕朱一貴和杜君英，方告一段落。此次民變不僅使清廷重新檢討在臺灣的統治機制，也嚴懲在事件中逃到澎湖的各級文武官員。

肇因於查緝會黨的林爽文事件，是繼朱一貴事件後又一次波及全島的大規模民變。林爽文為人豪爽，庇護同為天地會的黨人。林爽文起事以後，一方面與在臺駐軍作戰，另一方面則因其為漳州籍，受到泉州籍義民掣肘。由於林爽文事大，清廷一再派兵增援，才徹底平定。在事件過程中，諸羅縣縣民曾經大力抵抗林爽文，事後清廷特將諸羅改名為嘉義。是清廷統治期間，臺灣規模最大、影響最大的叛亂事件。

戴潮春事件的發生與林爽文事件類似，皆是由清廷政府查緝會黨所導致。戴潮春家境富裕，因開發土地與人爭，於咸豐十一年 (1861) 與其兄組織八卦會，增強實力，後加以結合天地會。次年，官方欲鎮壓會黨，戴潮春被會眾擁戴，起而叛亂。戴潮春起事不久，因為原籍漳州，得不到泉州人有力的支持，因而出兵攻打彰化泉州人主要聚居地鹿港，形成漳泉對立的問題。面對泉州人倒向官方，清廷官方又會同地方鄉勇清剿，戴潮春終不敵被殺。此事歷三年始平，歷時最久，也是清廷首次以臺勇平定臺灣亂事。

行政區域的演變

清廷領有臺灣之初，乃是在福建省下置臺灣府，下轄臺灣、鳳山、諸羅三縣，以後臺灣府下的縣、廳及行政單位，隨著開發的程度，續有添置。

同治十三年 (1874) 及光緒元年 (1875)，沈葆楨因為日軍犯臺及原住民叛亂兩度來臺。因為沈葆楨的建議，清廷於光緒元年才在艋舺（萬華）設

1684～1722年		1723～1811年		1812～1874年		1875～1886年		1887～1895年	
臺灣府	臺灣縣	臺灣府	臺灣縣 澎湖廳（1727）	臺灣府	臺灣縣 澎湖廳	臺灣府	臺灣縣 澎湖廳	臺南府	安平縣 澎湖廳 嘉義縣
	鳳山縣		鳳山縣		鳳山縣		鳳山縣 恆春縣		鳳山縣 恆春縣
	諸羅縣		諸羅縣（1787改嘉義縣） 彰化縣		嘉義縣 彰化縣		嘉義縣 彰化縣	臺灣府	臺灣縣 彰化縣 雲林縣 苗栗縣 埔里社廳
							埔里社廳		
							卑南廳	臺東直隸州	
			淡水廳		淡水廳	臺北府	新竹縣 淡水縣 基隆廳 宜蘭縣	臺北府	新竹縣 淡水縣 基隆廳 宜蘭縣 南雅廳（1894）
					噶瑪蘭廳				

圖9　清代臺灣行政區劃演變

置臺北府。至此，在福建省轄下的臺灣，設有臺灣、臺北兩個府。

　　光緒九年 (1883)，因法侵越南而爆發衝突，次年清廷向法國宣戰，法國並藉購煤進入基隆港，清廷便派劉銘傳奉命督辦臺灣軍務。光緒十一年 (1885)，因為劉銘傳力陳臺灣的重要，清廷才決定設臺灣省，改福建巡撫為臺灣巡撫，下轄臺南、臺灣、臺北三府（後又設臺東直隸州）。光緒十四年 (1888)，臺灣與福建正式分治。劉銘傳就任首任巡撫，省會原擬設在當時彰化縣境，但因為省會尚未建設完成，所以劉銘傳暫駐臺北❿。

　　光緒二十年 (1894)，正式以臺北為臺灣省會。此後，臺北成為臺灣的政治中心。

---

❿　清廷下令設置臺灣省後，雖派劉銘傳為巡撫，但在建省籌備期間，臺灣仍隸屬福建省。

清廷領臺與臺灣經濟的轉變

在清廷領臺之前，對外貿易一直是臺灣經濟的主流。荷蘭固然是因為貿易的考量，才選擇臺灣本島作為佔領澎湖不成後的重要商業據點及殖民地，鄭氏家族在臺灣，也以對外貿易作為其經濟活動的重點。

清廷雖然是異族入主中原，其承繼中國歷來天朝上國的心態則是一致的。因此，不但不重視對外貿易，甚至進而限制對外貿易。如此一來，被收入清廷版圖的臺灣，經濟發展的方向，為了適應清廷的政策，有了大幅度的轉變，從對外貿易發達之地，漸次轉而成為鎖國政策之下，中國經濟圈的一環。

當時，臺灣輸往中國大陸的主要是米，而日用品則從中國大陸輸入。而此一分工現象，固然是臺灣受限於自然環境，缺乏許多日用手工業產品的原料所致。但是，清廷的政治考量可能也是強化的因素之一。如限制臺灣打鐵舖的數量，便使得臺灣本地對中國大陸鐵製品的需求更大，必須將固定的米糧輸往中國大陸換取日用品，也多少限制了作物的選擇。

西力東漸的衝擊

鴉片戰爭前後，洋商引進廉價的南洋米，使得臺灣米在中國大陸市場受到打擊，以進行稻米買賣為大宗的「郊」，經濟力量大不如前。

但是，咸豐十年 (1860)《北京條約》簽訂❶，加上之前簽訂的《天津條約》換文生效，臺灣在西方船堅砲利的壓迫下開港，臺灣的歷史又走進了另一個階段，對外的國際貿易再一次成為臺灣經濟的重心。

臺灣對外出口的主要項目，依序是茶、糖、樟腦，而進口的主要商品中，則以鴉片最受到注目。其中過去未曾成為臺灣重要作物的茶，主要是約翰・都德（J. Dodd，漢名讓獨獨）引進新的茶種及製造技術後才迅速發展起來。

---

❶ 條約簽訂並不會自動生效，而須經過批准、換文的程序。

臺灣北部經濟地位的提升

由於茶葉適合在當時臺灣北部丘陵地種植，無論輸出較多的烏龍茶 (Formosa-tea) 或是其次的包種茶皆是以此為生產重心。由於茶葉輸出佔臺灣當時輸出總額的一半以上，北部通商口岸（淡水、基隆）的貿易額逐年增加，最後並超過了南部的通商口岸（臺南安平、高雄）。雖然，南部地區是糧食作物——稻米——的主要產地，由於未輸出的稻米無法反映到貿易額上，臺灣南部的經濟力容易被低估，但是，北部地區生產力的提升，則是事實。

同時，由於茶葉的附加價值較高，茶農較南部的蔗農在生產行銷過程中，所受到的剝削又較少，因此，茶農的生活情況又較南部的農戶為佳，消費能力也比較強。無論如何，在開港以後，臺灣北部經濟地位較從前重要，則是不爭的事實。

牡丹社事件與「開山撫番」

同治十年 (1871) 琉球漁船因遇風漂至臺灣東海岸南端八瑤灣（今屏東滿州鄉），成員進入牡丹社部落區後，除少數人外，皆遭到高士佛（滑）社原住民殺害。兩年後，日本使節試探清廷的態度，當時清廷一方面表示此事不煩日本過問，但卻也傳遞生番「原為化外，未便窮治」的訊息。

同治十三年 (1874) 日本出兵臺灣。清廷在日軍抵達琅嶠後，除向日本抗議外，並派船政大臣沈葆楨率輪船部隊來臺。沈葆楨抵臺後，積極進行部署。不過，日本已以強勢武力，迫使牡丹社番屈服。最後，清廷與日本簽訂《北京專約》，承認日本出兵為保民義舉，撫恤遇害的難民，並補償日本在琅嶠地區所修道路建物的費用。由於此一條約承認日本的「保民義舉」，成為日本主張領有琉球的藉口。

由於牡丹社事件中，日本質疑清廷對番地的主權，在沈葆楨的建議下，清廷實施開山撫番政策，這也是治臺政策由消極轉趨積極的里程碑。此舉除了阻絕外人對臺灣領土的野心外，也與開港後的經濟有關。當時臺灣的

出口大宗物資依序為茶、糖、樟腦，其中茶與樟腦產地皆鄰近內山，尤其是樟腦，開山撫番後更進一步促進茶、樟腦業的發展。

沈葆楨除先後派員主持北、南、中三路的開山工作外，為了招徠開墾者，他取得清廷支持，廢除領臺以來對移民的禁令。此後，漢人積極開發內山，不免與原住民發生衝突。除剿番以力迫使原住民歸順，官府還進行撫番，希望藉由撫番促成原住民的漢化，沈葆楨因此主張推動易冠服、通語言、教耕稼、修道路、設「番學」、變風俗等工作。其後劉銘傳主政期間，對於歸順的原住民，也採取設立「番學堂」，成為招收原住民子弟的文教措施。

洋務運動與臺灣

沈葆楨也派人赴英採購開採設備，在基隆正式展開新式煤礦開採工作，使臺灣礦業史往前更進一步。同時，他也購買新式的輪船，行駛臺灣、福建之間，改善了海運交通。

丁日昌則於福建巡撫任內，在光緒二年 (1876) 底來臺，次年四月離臺。時間雖短，在臺灣的發展方向上，則提出他的遠見。在他任內的臺灣府試還特別錄取淡水廳所屬的原住民一名，開原住民透過考試進入仕途之例。同時，還建議修築臺灣的縱貫鐵路，架設府城到安平與旗後（今高雄）間的「電線」（電報線）。問題是，他的計劃固然遠大，卻並非當時總理衙門施政的重點，因此得不到清廷的支持，也使其大失所望。

劉銘傳治臺

在清廷統治臺灣兩百多年之間，劉銘傳的事功在過去是最為人所重視的。

原本因為清法戰爭防臺的需要，派駐臺灣的劉銘傳，除了推動臺灣建省，也承繼了沈葆楨及丁日昌在臺灣推動的洋務事業，開始興建西部的縱貫鐵路，而且在任內推動從基隆到新竹的工程（任內完成基隆到臺北的路段）。雖然工程品質有部分瑕疵，日後又重新改建，卻已經領先中國大陸的

洋務建設。除了鐵路工程之外，基隆的煤礦也在其任內進行大規模的開挖。同時，臺灣與中國大陸之間的海底電纜，也在劉銘傳的主導下鋪設完成。

　　在其他方面，劉銘傳戮力推動的土地改革工作，是臺灣近代化事業中重要的一環。他一方面藉著土地的調查，清查臺灣實際的耕地面積及田地的狀況；另一方面則希望解決臺灣大租戶、小租戶、佃農「一田多主」的傳統土地所有制，使小租戶成為真正的地主及租稅負擔者。不過，板橋林家及霧峰林家是劉銘傳重要的支持者，使廢大租戶的構想難以貫徹，最後以減少小租戶繳交大租的四成，大租戶仍保有原來大租的六成，由小租戶負責繳交賦稅的減四留六收場。至於土地清查，執行者的心態及技巧與其他因素，造成相當多的反彈，彰化甚至發生大規模的民變，使土地改革的政策無法繼續貫徹。

　　雖然，劉銘傳的鐵路建設及其他洋務事業，由於技術及其他外在的限制，加上後繼者邵友濂等人接替劉銘傳以後，則不再積極進取，而採取較消極的態度，以致未能擴大其成果 ❷，但是，就當時完成的洋務建設而言，相較於中國大陸各省，處於邊陲的臺灣，已有相當可觀的成就。

習　題

一、荷蘭領臺期間，來自中國大陸的漢人移民何以大量增加？

二、施琅與清廷領有臺灣的政策，有何密切的關係？

三、劉銘傳土地改革的主要內容為何？結果又為何？

---

❷　參見吳密察編撰，《唐山過海的故事：臺灣通史》，頁 243。

第二章　甲午戰爭與八國聯軍

第一節　甲午戰爭

日本的崛起與中日的衝突

　　1853 年美國艦隊司令培利 (Perry) 以船堅砲利為後盾，脅迫日本於次年簽訂《神奈川條約》，德川幕府的神聖不敗光環已然褪色。1867 年明治天皇即位，尊王攘夷的呼聲更為高漲，倒幕風潮日漸擴大，德川幕府最後在大局難於扭轉的情況下，「大政奉還」，日本明治維新於焉展開。

　　同治十一年 (1872)，李鴻章即已經感受到日本後來居上的態勢，而向曾國藩指陳：中國「有貝之才（財），無貝之才（才），不獨遠遜西洋，抑實不如日本」。次年，日本即藉口臺灣原住民殺害因海難漂流至臺灣的琉球人及日本人，向清帝國抗議，以探虛實。而清廷負責官員竟回答，「生番」為化外之民，未便窮治。

　　日本即以此為由，配合前美國外交官李仙得 (C. W. Le Gendre) 所謂番地非清帝國領土的說法，積極圖謀臺灣。同治十三年 (1874) 日本派西鄉從道率軍征臺，清廷得到消息，派沈葆楨率軍赴臺。結果雙方互有顧忌，而在英國斡旋之下，清廷讓步，承認日本的行動為「保民義舉」，並賠款五十萬兩。

　　次年，日本佔領琉球 (光緒五年正式兼併)，清廷抗議無效，拒絕承認，琉球問題遂成為懸案。但是，日本於臺灣、琉球的貿然行動，並未受到國際強力批判，清帝國也無有效的回應，日本對外擴張的野心受到鼓舞。朝鮮成為其下一個目標，並進而引發清日甲午戰爭。

從日韓江華條約到甲申之變

光緒元年 (1875)，日本軍艦停泊朝鮮江華灣，並私入漢江，與朝鮮發生武裝衝突。日本派員至北京交涉，了解中國無意介入之後，更以武力脅迫訂立《日韓江華條約》。清廷只要朝鮮承認是中國屬邦便已滿足，對此並不介意。

其後見日本積極擴張，清廷便改變政策，以宗主國的身分介紹各國與朝鮮訂約。光緒八年 (1882) 李鴻章派馬建忠等人與美國將領薛斐爾 (R. W. Shufeldt) 會商，訂立《美韓通商條約》。其後，李鴻章更積極將列強勢力引進朝鮮。

同年（壬午年），韓王的父親大院君發動政變，攻擊親日派人士及日本使館，雙方關係嚴重緊張。清廷方面迅速介入，逮捕大院君，平定政變，是為壬午事變。甲申年 (1884)，日本乘著清法戰爭之機，在朝鮮發動兵變，袁世凱迅速派兵平亂，政變首謀者逃亡日本，是為甲申之變。因此，次年伊藤博文與李鴻章會商，明定此後如果朝鮮發生事端，一國出兵時，應通知對方。這也是日後日本出兵朝鮮，進而引發甲午戰爭的遠因。

戰爭的發展

光緒二十年 (1894) 朝鮮發生東學黨之亂，清廷應邀平亂，並通知日本，日本乘機大舉出兵，事平之後並拒絕撤軍。其後並出兵攻進韓國皇宮，襲擊清軍。七月，清日雙方正式宣戰。

日本首先擊敗駐朝鮮的清廷陸軍，進而越江攻進中國東北本土，取得遼東半島。其次，先在黃海擊敗李鴻章苦心經營的北洋艦隊。後來，日本陸軍攻進山東半島，進而佔領威海衛，從陸地攻滅港內殘餘的北洋艦隊。

至此，李鴻章統率的海、陸軍皆已喪失戰力，無再戰的可能，清廷只能以戰敗收場。

甲午戰爭的意義

在甲午戰爭之前，中國雖然先敗於鴉片戰爭，又敗於英法聯軍，不過仍是東亞，甚至整個亞洲最有力的國家，在國際上雖然積弱不振，大抵上也還有一席之地。甲午戰敗以後，中國國際地位迅速滑落，在東亞的地位已為日本所取代。面對淪為二流國家的中國，西方列強中便產生瓜分的企圖，而進行各自劃分勢力範圍的行動。

日本則一躍成為東亞第一強國，擠進以西方列強為主的帝國主義末班列車，以後她的發展也成為亞洲動盪的重要因素。

而如果從世界海軍史的角度來看，自從新式鐵甲船大量使用以來，以其為主力的大規模艦隊對決在甲午戰爭之前並未發生過。換言之，甲午戰爭中的黃海海戰是當時最新型的海軍武器大戰，因此，此一戰役吸引了許多軍事學家及將領的注意，在軍事學的發展脈絡中，也有一定的地位。

甲午戰爭的成敗問題

一般而言，甲午戰爭給人的印象似乎是日本明治維新成功的表徵，中國的自強運動則一敗塗地，走入歷史。不過，實際上中國的洋務運動經過此一衝擊，不僅沒有退縮，仍然有力地向前開展。不同的只是，洋務主張在中國近代史脈絡中的角色改變了。

被一般視為經過戰爭的檢驗，證明取得成功果實的日本明治維新，由外壓的威脅中堅守日本的獨立，進而擴展成「皇國是世界第一等強國」的思想。而由「神國」觀念與西方的船堅砲利結合，配合西方近代軍事概念的運用，逐步由民族主義往軍國主義之途發展。

以後日本固然成為東亞的霸主，日本帝國也席捲了整個東亞，但最終則在 1945 年八月十五日以無條件投降，結束其自明治維新以降帝國主義的發展歷程。如是，明治維新是否真的成功，是否是值得借鏡的經驗，在民主憲政體制，講求和平合作的時代，有重新評價餘地。

相對而言，戰敗的中國，至少證明在軍事現代化的競爭中，中國的自

強運動確實被日本明治維新後來居上，而落居下風。何以造成此一結果，是否如一般的印象，必須由慈禧太后負擔最大的責任呢？

慈禧的角色

如前所述，自辛酉政變以後，慈禧即成為中國政治舞臺上的實力人物。同治四年 (1865)，也是曾國荃攻克南京的第二年，她藉口恭親王「妄自尊大」等罪名，革去奕訢一切的差使，已證明她才是清廷權力的真正核心。光緒七年 (1881)，慈安太后過世，慈禧更成為最高權力的唯一控制者。因此，自強運動的推展，與慈禧關係自然十分密切。

從自強運動開始進行以來，清廷的大部分官員，以及在野的士大夫，對世界情勢的認識，普遍有所不足。他們常常敵視洋務，指責自強運動不僅難收自強之效，甚至會造成亡國的後果。其中以曾國藩的好友大學士倭仁，及其學生徐桐為代表。徐桐的門生嚴復提出政府用人，應該講求經(世)濟（民），注意洋務，徐桐便與其絕交。論人數，他們可以說是政府官員的主流。

在野的士大夫及一般人民的立場，也與他們較為接近。中國第一條鐵路淞滬鐵路完成以後，迫於民間的壓力，政府不久便加以拆毀，成為其後劉銘傳在臺灣建築鐵路的建材。

此一歷史條件下，自強運動及洋務的推展，若得不到政治有力者慈禧太后的支持，根本不具有實現的可能。總體而言，慈禧太后在洋務運動中的角色，應該是正面的。固然她因為權力的縱橫，以及受限於個人的見識，未能是思想上的開風氣者，但是，自強運動被明治維新後來居上，並不能完全歸咎於她，而有其他原因存在。

思想理論的比較

另一方面，自強運動與明治維新透過甲午戰爭所展現的成果，既然有相當的差距，彼此在理論方面的見解，又有何不同呢？

與一般的認知有相當的出入，明治維新的理論基礎，在強調民族主義

的面向，與自強運動在時序上，理論結構上，都十分接近。從明治維新的理論背景來看，與「中學為體，西學為用」一樣都源自官定朱子學的「東洋道德，西洋藝術」是其先聲，而「和魂洋才」❶則是其接受西方文化的重要思想基礎。

　　基本上，無論是「東道西藝」或是「和魂洋才」，都是強調東方道德精神及價值的優位性，而引進西方的技術與文明，來加以補強。這與前述「中體西用」的理念與架構十分類似。因此，如果說理論是決定自強運動與明治維新差距的重要因素，是大有斟酌的必要。

各行其是的自強運動

　　相對於日本明治維新以後，舉國一致地推行近代化 (modernization) 運動，以自強運動為主軸的中國近代化運動則大異其趣。除了前文提及的龐大反對力量外，自強運動致力於洋務的封疆大吏之間也步調不一，相互較勁，甚至各行其是。

　　之所以如此，固然一方面是太平天國之亂後，地方督撫的權勢高漲，更重要的原因是清廷根本沒有較全盤性的規劃，地方督撫推動自強運動的項目，常常是自發性的選擇，再求取中央的同意與支持。而各自本位的發展，自然難免各行其是。而彼此較勁之餘，有時則發生李鴻章與左宗棠之間，因為路線不同發生「海防」與「塞防」之爭；有時則又各自推動相同的建設，疊床架屋，影響效率。

　　在國家財源並不充裕的狀況下，為了遂行各自的計劃，取得財政的支持，不免演變成地盤之爭。如左宗棠設法排擠廣東巡撫郭嵩燾，安排自己的人馬出任，目的之一就是要取得廣東稅收的優先撥用權，以利他所主持的洋務事業。而將洋務事業視為個人的事功，一旦國家有事，則又難收彼

---

❶　「東洋道德，西洋藝術」簡稱「東道西藝」論，與「和魂洋才」的思想十分相類。和魂洋才指的是，代表（優位的）日本精神與西洋技術合璧的思想架構，明治維新時代的保守派，即是以此見解來接受西洋文明。但是，比較強調自由民權思想的層次，則已經超越「和魂洋才」的架構。

此支援之效。如清法戰爭期間，劉銘傳在臺灣四處求援，儘管其出身淮軍，與李鴻章關係十分密切，但因臺灣屬於南洋湘軍的範圍，故無法取得北洋海軍的支援。而甲午戰爭更是明顯，除了李鴻章所屬的北洋海、陸軍之外，其他隸屬各省督撫的軍事力量也未提供支援。因此，學界有李鴻章一人與日本戰爭的說法。

這樣的情況下，自強運動雖然起步較早，甲午戰爭的結果，卻表現了明治維新的成果已居於上風的事實。

習　題

一、同治年間，日本犯臺的理由為何？中國與日本之間又如何解決此一爭議？

二、甲午戰爭對中國的國際地位有何影響？中國此後又面臨何種危機？

三、相較於日本的明治維新，中國的自強運動何以步驟不一，各地自行其是？

第二節　臺灣割讓與乙未抗日

日本的野心

光緒二十年 (1894) 八月下旬，日本出乎西方列強的意料之外，海、陸軍均告獲勝。而英國基於維護其在華商業利益的考量，亦有意出面調停。但是，日本認為北洋艦隊尚未覆滅，既有戰果尚不足以獲取足夠的利益，根本無意停戰。

九月，清廷再起用恭親王奕訢主持總理衙門，他衡量時勢傾向議和。日軍越過鴨綠江佔領遼東各地後，他更召見英、美、德、法、俄諸國駐華使節，明白請求各國出面調停。其後，中國派張蔭桓、邵友濂為議和代表，與日本代表伊藤博文、陸奧宗光於廣島會面時，日本仍必欲造成更有利之

軍事情勢，而拒絕展開和談。

光緒二十一年 (1895) 初，清廷已經應日方要求，派李鴻章赴日本馬關（下關）談判，日本卻連停戰談判，都要以清廷先交出山海關、天津、大沽作為和談的保證。李鴻章力爭，仍不得要領。適逢日本好戰分子暗殺李鴻章，造成國際關切，日方才肯停戰議和。

三月，陸奧宗光將日方擬議和約條款送交李鴻章，伊藤博文甚至要求李鴻章明白表示接受與否。李鴻章對於割讓遼東半島、臺灣及賠款數額，都耿耿於懷，要求日方能放寬條件。而伊藤博文則威脅，作為戰勝國的日本，若是要求未得到滿足，則將進兵北京。

在首都受到威脅的情況下，雖然光緒帝有割讓臺灣將失去天下人心的認知，輿論反對的態度也十分激烈，基於現實的考量，清廷仍然授權李鴻章簽訂《馬關條約》。

三國干涉還遼與外力介入

在《馬關條約》簽訂之前，俄國對於日本染指中國東北，十分不滿，而與俄國有同盟條約關係的法國，則一方面外交立場本與俄國一致，一方面對於臺灣、澎湖不能忘情，反對將其割讓日本，亦力主干涉。至於德國雖不若俄國積極，但反對日本取得中國大陸土地的主張，亦早已通知日本外務省。

三國協商結果，法國在德國強力杯葛下，放棄其對臺灣、澎湖的主張，而俄國也僅打算要求日本保證在臺灣海峽有自由航行權。至此，三國達成共識遂決定一致行動，反對日本取得遼東半島，並在《馬關條約》簽約之日，即對日本表示異議。俄國更調動海、陸軍，並通知海參崴日本領事「此地」為接戰地區，明白表示不惜作戰的決心。

日本面對壓力，幾經會議遂決定讓步，因而有三國成功干涉還遼之舉。原本力主借英國之力阻止日本對臺野心的，屬臺灣巡撫唐景崧及其師署兩江總督張之洞，亦希望三國干涉的範圍能擴及臺灣。但是，在三國干涉還遼的協商過程中，本已放棄臺灣，法國雖仍有所嘗試，終究沒有進展，使

得企圖借重國際干涉，使臺灣免於割讓日本的曙光又告破滅。

臺灣官民的努力

外交努力既告失敗，清廷於四月二十六日便命唐景崧開缺，並迅速入京，同時通知在臺官員紳民如果於兩年內不回中國大陸，則依條約的規定，將成為日本國民。

但是，臺灣的紳民對此並不滿意，甚至以幾近脅迫的方式要求唐景崧留臺繼續領導。唐景崧情不得已，只得回奏清廷，在臺民強烈要求下，不得已暫時應允留臺繼續治理。他同時下令清廷在臺的官員，在五月四日之前做一抉擇，若願留臺者，將繼續留用。結果，大部分的地方官員紛紛離去。

面對局勢不利的發展，以丘逢甲為首的臺灣官紳，乃引用《公法會通》一書的內容，主張臺灣割地一事，必須諮詢臺灣紳民的意見，以求自主抗日。其後，四月底法國艦隊抵臺，曾經擔任駐法外交人員的副將陳季同，便前往拜會，這也是當時臺灣官紳可以眼見的唯一可能外援。

而為了取得法國可能的支持，臺灣官紳不僅起草獨立宣言，也採納陳季同的意見，建立與法國相類的民主共和政體，並宣布推舉唐景崧擔任亞洲第一個民主共和國──臺灣民主國──總統。五月一日獨立宣言的譯稿送交各國領事館，並於次日（陽曆 1895 年 5 月 25 日）正式舉行典禮，建元永清。

臺灣民主國的定位與內部互動

早在唐景崧通令臺灣官員作去留選擇之時，駐防臺南的總兵劉永福留臺的意願便最為強烈，表明願與臺灣共存亡的態度。而臺灣仕紳丘逢甲、林朝棟等人態度亦頗為積極，日軍侵臺後，林朝棟也曾率軍北上，希望能支援防務。

不過總統唐景崧則是百般無奈，隨時留意「脫身」之機。板橋林家的林維源則雖被推為議長，實已決定內渡觀望，因此捐款一百萬兩後，便迅速舉家離臺。

至於清朝的督撫大臣中，以張之洞、劉坤一兩人的態度較為積極。然而，他們固然一方面表示關切之意，並期待列強的介入；另一方面則擔心日本抗議他們援臺的態度，甚至有導致清帝國與日本決裂的危險，而自我節制。

在這種種不同的態度互動下，臺灣民主國在建國之初，即明顯表達建國自主並非完全脫離清朝，而是大勢之下的不得已之舉，希望事成之後，能「恭奉正朔，遙為屏藩」。而對民主國構成致命傷的是上層領導者在此一互動關係之下，抗日態度的搖擺。

主持者的敗逃

五月六日日軍於臺灣東北端的澳底登陸，以避免淡水、基隆方面駐兵的立即抵抗。而在日軍前往基隆的途中，雙方的軍隊在瑞芳正式遭遇，民主國內務大臣俞明震並親自帶兵，從臺北馳援，但仍告不敵。日軍進佔基隆以後，旋進兵獅球嶺。唐景崧得知瑞芳失守後，便命其親兵駐防獅球嶺與臺北之間的八堵，而這支部隊卻在抵達八堵後立刻後撤，並在臺北以求發軍餉為名引發騷動，臺北內部更為不安。

俞明震等人在獅球嶺陷落後，要求唐景崧先撤往新竹，以繼續抵抗。但是，唐景崧卻已完全喪失鬥志。俞明震等大員見狀，遂紛紛內渡。唐景崧也化裝出走，逃回中國大陸。原本態度積極的丘逢甲、林朝棟也隨即放棄抗日的努力，先南下再乘船離臺。除了劉永福的黑旗軍之外，各地民間自發的民軍遂成為抗日的主力。

主持大員敗逃以後，臺北城陷於敗兵劫掠、對抗的無秩序狀態。因此，除了著名的辜顯榮以外，臺北的仕紳同時也請戴衛遜 (J. Davidson)、湯姆森 (G. Thomson) 等外國人出面，而在水返腳（汐止）迎接日本軍隊進入臺北城。而辜顯榮也由此發跡，與日本當局合作，成為臺灣一大家族。

各地義軍的抗日行動

此後，劉永福在臺南雖拒絕接任臺灣民主國總統之職，但實際上已成

為抗日的領導核心，臺灣民主國的組織也正式移往臺南。至於抗日的武裝主力，則是各地的義軍。

在乙未抗日的行動中，臺灣本土義軍扮演相當重要的角色，而且為了保衛鄉土，抗拒日本的武裝接收達五個月，付出了慘烈的代價。不過，對日本政府而言，雖然挾近代化的強大軍力，壓制了義軍的反抗，其間卻也被迫調兵增援，出乎其意料之外。

日軍由臺北南下之後，首先面對桃園、新竹、苗栗一帶義軍的抵抗。義軍的裝備、訓練與日本的正規軍自然難以相提並論，但是卻以高昂的鬥志，配合利用熟悉的地形，使日軍受挫。當時義軍的主要領袖，包括吳湯興、姜紹祖、徐驤等人。他們在現在的三峽、大溪、龍潭、中壢、平鎮等地，與日軍發生劇烈的戰鬥，新竹也發生數度攻防戰。

其後，日軍佔領新竹、苗栗繼續南下，在彰化八卦山又遭遇堅強的抵抗。在此役中，吳湯興與彰化附近的義軍，搭配劉永福派來的援軍，從八卦山一直到彰化城內巷戰，幾乎全軍戰死。日軍卻也元氣大傷，加上瘧疾流行，暫停南下。等到乃木希典等將領率領的第二師團、第七旅團等部隊投入戰場後，日軍兵分三路，一路由彰化南下，一路由嘉義西方的布袋嘴登陸，一路由枋寮登陸夾攻臺南。

然而，雲林、嘉義以簡義、簡精華為首的義軍，則與劉永福的黑旗軍奮力抵抗，在今天的斗六、西螺、斗南、大林等地與日軍發生激烈戰鬥，日軍甚至一度被迫撤回彰化。同一時間，雖然戰績頗有起色，但是劉永福卻面對彈盡援絕的困境，既沒有辦法從中國大陸各省督撫處取得支援，發行的貨幣隨之在臺南發生擠兌。

而日軍取得後援後，合計近十萬的兵力，軍事優勢更為明顯，面對不利的情勢，劉永福只能坐困「內地諸公誤我，我誤臺民」之局。在餉彈兩缺的情況下，反攻彰化的義軍遭到挫敗，日軍順勢南下，在各路義軍潰敗的情形下，佔領了雲林、嘉義。此時，日軍也在布袋嘴、枋寮先後登陸，並分別在急水溪遭遇到林崑岡率領十八堡義軍的抵抗，以及在屏東與蕭光明為首的客家義軍發生戰鬥。但是，義軍的抵抗雖然慘烈，不過，面對日

本近代化的優勢兵力，終告失敗。

臺灣民主國的終結及臺灣後續的抗日行動

劉永福見事不可為，八月下旬便去函日本樺山資紀總督，要求日本派船將其所部的黑旗軍運回中國大陸。日本方面則以大勢底定，拒絕劉永福的求降條件，反而要求劉永福立即投降，等候日方進一步的處置。劉永福求降不果，又無力再戰，遂於九月一日棄臺南城，次日搭英船返回中國大陸，臺灣民主國正式落幕。

日軍攻下臺南後，再分兵佔領恒春、臺東、花蓮等地。1895 年十一月十八日（本節之前因為體例關係，係以清帝國紀元），臺灣總督府宣告平定臺灣全島。從日軍登臺，六月十七日舉行「始政」儀式，在五個月的抵抗中，參加抗日者死亡約一萬四千人，日軍直接作戰死亡者雖不多，但是，作戰過程中因為傷病而死亡者亦有數千人，近衛師團長明治天皇之弟北白川宮能久親王也死在臺灣❷。

日軍用兵五個月，終於完成初步的武裝佔領。但是，由於日軍在佔領臺灣的過程中，軍紀敗壞，又肆行屠殺，引起臺灣人的不滿，這成為臺灣民主國之後，臺灣武裝抗日行動的重要動力來源。

另一方面，由於日本以外來統治者強制改變臺灣當時部分的習慣❸，一時之間造成嚴重的文化磨擦。而面對日本統治者高壓的政策，無論新的文化生活習慣之規定，是否較原有的合理，已構成當時臺灣人對高壓統治反彈的正當性基礎，並以此為由，號召抗日。

原有祖籍衝突的轉化

臺灣因為移民的祖籍不同，福佬、客家之間、漳泉之間，甚至泉州人

---

❷　北白川宮能久親王的死因，民間傳說係傷重而亡，受傷地點包括新竹、彰化、嘉義……等地，官方的資料則說係感染瘧疾所致。參見黃榮洛，《渡臺悲歌》，頁 99。

❸　基本上日本領臺之初，並沒有企圖立即全面改變臺灣住民的「舊慣」，不過日本推動的部分改變原有「舊慣」的施政，仍遭到臺灣住民的反抗。

內部，長期以來械鬥、衝突不斷。而清帝國統治期間，不僅沒有積極地化解問題，而且基於統治便利，還半放任地使畛域之爭持續存在。

而日本派軍來臺接收，固然是根據《馬關條約》，在國際法上具備領臺的正當性，但是，臺灣具有發言權的紳民，則對此一現實的發展，卻不願接受，反而挺身對抗。此一對抗與過去械鬥、民變的性質已迥然不同，因為無論祖籍為何，相對於外來統治者──日本人，彼此之間的相異點已趨淡薄，共同性則越發凸顯。在此情形下，原本臺灣人互相攻訐，而存在不斷衝突的潛在因素，亦隨之改變。固然原本畛域的消除，需要相當時間才能收到效果，不過，乙未年 (1895) 抗日的過程，無疑是此一轉變的重要轉捩點或催化劑。

易順鼎的事蹟

在臺灣民主國的抗日過程，許多上層領導人固然意志未堅，未經激烈的戰事抵抗，便紛紛敗亡。而劉永福口中的「內地諸公」則常常只是口惠而實不至，甚至最初只是希望堅定臺灣官紳的抗日意志，並無真正干預的準備。

但是，如劉坤一的幕僚易順鼎之流，則是少數出生入死，積極為臺灣抗日事業奔走，直到壯志難伸而後已的傳奇人物。一說他是奉了劉坤一之命，往還臺灣與中國大陸之間為劉永福到處求援。但是，把他來往臺灣的時空因素納入考量，則更可見他個人的熱心。

他在臺灣民主國成立後，才向臺灣出發。抵達臺南登陸之時，正值唐景崧等臺北臺灣民主國大員紛紛離臺之際。易順鼎與劉永福交談後，知道臺灣民主國抗日餉彈兩缺，遂折返中國大陸拜見張之洞等督撫求援。在求援失敗，又得知日軍南下之後，他遂搭船回到已瀕臨危境的臺灣，希望能協助劉永福。最後，因為他對戰守的意見不為劉永福接受，才黯然離臺。其間他的舅父陳粒堂也曾帶著私募的款項渡臺，希望能對武裝抗日有所助益。像他們這般積極的投入，可謂當時的異數。

習　題

一、面對割讓臺灣可能失去天下人心的局面，何以清廷仍然決定割臺？

二、日本攻滅臺灣民主國以後，民間後續武裝抗日的主要動力為何？

三、日本侵臺對於臺灣住民內部畛域之爭有何影響？

第三節　八國聯軍

勢力範圍的劃分

甲午戰後，中國國際地位一落千丈，列強之間亦不乏因此而起瓜分中國之心者，而俄國則首先展開行動。

光緒二十二年 (1896)，俄國乘李鴻章參加尼古拉二世加冕典禮之機，誘使李鴻章簽訂所謂的《清俄密約》，其中取得在東北建造黑龍江到吉林「中東鐵路」的權利，是俄國最主要的目的。次年，德國藉口德籍傳教士在山

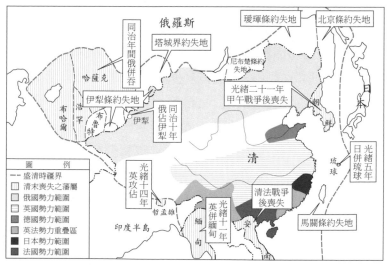

圖 10　清末邊疆領土、藩屬喪失及列強劃分勢力範圍示意圖

東曹州被殺，出兵強佔膠州灣，俄國隨即兵進旅順、大連。光緒二十四年 (1898)，中國被迫與兩國完成「租借」手續。隨即法國強租廣州灣，英國強租威海衛等事件此起彼落。而在強租港灣之時，列強同時也指定了各自的勢力範圍，要求在勢力範圍內擁有特殊利益及利益優先享有之權。

當時長城以北及新疆是俄國的勢力範圍；以山東為主的黃河流域是德國的勢力範圍；長江流域各省及西藏則劃歸英國的勢力範圍；西南各省則屬於法國的勢力範圍；連後起的日本都取得福建為其勢力範圍。形勢上中國被瓜分的危機，已一觸即發。

不過，一向以經濟利益作為首要考量的英國，雖然勢力範圍在最富庶的長江流域各省，但作為當時中國最重要的貿易國，基本上則不願瓜分中國，甚至認為各自劃分勢力範圍以後，英國在各國勢力範圍內的商業利益也受到損害，因此暗中運作企圖加以改變。而等到 1898 年美國與西班牙的戰爭結束，美國取得菲律賓以後，雖希望往中國大陸發展，卻受限於列強各自的勢力範圍，亟思改變，英國的企圖才得到有利的國際情勢配合。

門戶開放宣言

在遠東正式取得根據地的美國，有了常駐的海、陸軍，對於中國大陸的事務更為關心。然而，當時各國的勢力範圍已然劃定，美國幾無發展空間可言。此一情勢自不為美國所樂見，因此在英國幕後的策動下，美國國務卿海約翰 (J. Hay) 在光緒二十五年 (1899) 發表了著名的《門戶開放宣言》。

而門戶開放的訴求，並非為了打開中國的門戶，因為在鴉片戰爭以後中國門戶已然開放，其目的實際上是要求打開各個列強勢力範圍的門戶，使各國在中國的工商利益有均等的競爭機會。在英國幕後的外交運作下，列強先後同意《門戶開放宣言》的方向。不過，隨即發生義和團事件，使得《門戶開放宣言》面臨考驗。

圖 11　在練習中的義和團員　　圖 12　義和團旗幟

義和團發展的歷史背景

　　西力東漸以後，清廷固然因為接觸的關係，國際視野逐漸打開，甲午戰爭以後，至少學習西方船堅砲利的必要性，已為大部分的士大夫所接受。但是，民間對此的認識，則相對嚴重不足。

　　由於傳教事業在中國大陸的再興，是以船堅砲利作為後盾，與過去耶穌會士推廣基督教的背景大不相同。而為了吸收教徒，教會之間彼此競爭，手法也不免有利誘的色彩，結果教徒的成分良莠不齊。本來，中國的民間較為保守，對外來排斥本土傳統信仰的一神教，便易抱持敵視的態度。加上對西方的生活文化習慣不了解，更易將之視為異端，甚至產生種種誤解。而傳教士以各國的武力及外交人員作為後盾，又往往使中國官方在處理牽涉到教民或是傳教事業的事件時，偏向傳教士或教民。而民間則往往採取自力救濟的手段，使教案頻傳。

　　當時山東以大刀會為首的民間秘密社會組織，自稱能使神靈附身，可以槍砲無傷，遂吸引了對教會或教民不滿的民眾加入，聲勢日大，準備與其對抗。對此歷任山東巡撫的李秉衡及毓賢又抱持鼓勵的態度，其組織發展更趨迅速。當時大刀會以義和拳為名，揭示「扶清滅洋」的口號，毓賢

大喜，將之易名義和團。

由於義和團在山東勢力坐大，又積極展開行動，各國向山東當局抗議又不得要領，遂轉向北京的中央政府施壓。因此，光緒二十五年 (1899) 清廷將毓賢調進京城，由袁世凱繼任山東巡撫。袁世凱一反過去官方安撫的態度，調軍進剿，使義和團在山東受到壓制，轉往直隸發展。

清廷的態度

當時正當慈禧發動戊戌政變，再度執掌朝政之時。慈禧於光緒二十五年 (1899) 底，展開預備廢光緒帝的行動，而以端郡王之子溥儁為大阿哥。結果各國抱持抵制的態度，這使慈禧及端郡王載漪等人更加痛恨外人。

毓賢入京以後，力陳義和團法力的神勇，以及「扶清滅洋」的宗旨，深得慈禧賞識。因此，對義和團在直隸的擴張與活動，雖也曾應各國公使之請及榮祿的勸諫，下令禁止，但時有暗中鼓勵之舉。而後駐紮北京附近的滿、漢諸軍，多已和義和團打成一片，軍中多有義和團成員，至此縱然有心用兵圍剿，也已不具可行性。

結果義和團入北京以後，行動更為激烈，不僅攻擊教堂、傳教士及教民，甚至與洋務有關的措施，主張洋務的政府官員，亦難倖免。各國公使見局勢有失控現象，遂向本國政府請兵，同時一面調可用之兵力進入北京防衛使館，並通知總理衙門，要求清廷派兵進剿義和團，否則便要自行處理。正式衝突之前，已呈風聲鶴唳之局。

清廷的宣戰

慈禧得到洋兵即將入京的消息，認為列強有意干涉內政，甚至有擁護光緒的意圖，敵視更深。而以在總理衙門任職的袁昶為首，一些京官則力持反對義和團的立場，甚至在生命遭到威脅之際，依然冒死上奏。然而經過多次御前會議，慈禧仍然做出空前絕後的向全世界宣戰之舉。同時，一方面下令進攻各國使館，一方面命令各省督撫焚燒教堂，捕殺教士、教民。

中央雖然下達宣戰令，兩廣總督李鴻章則先已宣布兩廣自保，拒絕遵

行宣戰詔書。其後，由盛宣懷先說服兩江總督劉坤一、湖廣總督張之洞與各國協議，互不相擾。不僅李鴻章同意此舉，浙江、福建、山東、四川、陝西、河南各省的督撫亦持同一立場。因此，所謂的東南自保，乃是以發動地區來看，實際參與的則包括劉坤一、張之洞所轄的五省，共有十三省，地域並不限於東南。

東南自保的性質

雖然名義上是東南自保，實際上則是在中央政府下令宣戰之後，與敵國達成協議，使其得以無後顧之憂，可以集中心力對付清廷。因而開地方脫離中央，宣布獨立之先河。所以，英文論著中，亦有稱東南自保為 Independence of Southeast China。如果八國聯軍之役，清廷戰勝，則參加自保的各省官員，恐將難逃叛國罪的處分。

但是，也正因為這些地方督撫公然抗拒朝廷的「亂命」，使得這些地區免於兵災之厄，有野心的列強不至於乘機進兵，使變亂限於東北及直隸、山西地區。這一方面使得各國實際佔領領土的瓜分中國行為不致出現，另一方面也使得宣戰詔書的效力受到質疑，而影響了事變後的解決方式。

列強立場的紛歧

當義和團無力阻止英、美、德、俄、日、法、奧、義八國聯軍（事實上比利時等國亦有出兵）進逼北京時，慈禧便知道戰爭已經失敗，因此電召李鴻章入京議和。但是，聯軍統帥瓦德西 (Alfred von Waldersee) 拒絕承認李鴻章和談代表的身分，縱兵大掠，在聯軍控制區域，人民的景況十分淒慘。

當時，德、俄兩國對中國領土野心勃勃，俄國且已實際控制了東北。英、美則保持《門戶開放宣言》的立場，大加反對，日本當時軍力不足以取得優勢地位，亦認為此時瓜分中國，對其不利。

由於列強立場不一，使得清廷之前向全世界宣戰之舉，不至於造成亡國之禍。經過折衝，列強在外交上認為所謂的宣戰詔書乃是在亂民控制下

Encore, une vigoureuse poussée et le colosse sera en morceaux

圖 13　法國諷喻《辛丑議定書》瓜分
中國的漫畫

的無效聲明，義和團則是中國政府無力有效壓制的結果。最後，列強彼此
協商，提出要求中國不得更動一字的議定書 (Protocol)，光緒二十七年
(1901) 李鴻章被迫接受。這就是《辛丑議定書》，也是中國近代史上通稱的
《辛丑條約》 ❹。

辛丑議定書的內容及影響

　　根據議定書的內容，中國除了必須遣使向有外交官在事變中被害的德、
日兩國道歉外，亦必須懲辦釀成大禍的大臣，而其中尤以賠款問題及駐兵
問題，最為重要。北京使館區以及北京、天津、山海關之間允許列強駐軍，

---

❹　如果清廷的宣戰被認為有效，則八國聯軍之役就是國際法上的戰爭，需要透過條
　　約的簽訂來結束戰爭。但是，由於事後各方認定清廷的宣戰是無效的，因此所謂
　　的《辛丑條約》並不是國際法上的「條約」而是「議定書」。

不僅國家主權受損，整個首都的門戶亦告大開。而高達四萬萬五千萬兩的賠款，更是前所未有，這固然是對中國人民的懲罰，也造成清政府本已不良的財政狀況，更趨惡化。

以民意為依恃發動的義和團事件，竟以大敗收場，政府固然大受打擊，更嚴重的是人民自信心的淪喪，而產生自卑的心理。這對於中國以後的對外態度，產生相當深遠的影響。

而以《辛丑議定書》收場，《門戶開放宣言》的基本主張得到落實，也使得在各國勢力範圍的中國主權，因為列強的外交政策而得到保障。但是，列強保障中國主權及行政權的目的，乃是著眼於藉此可以維持較安定的市場條件，有利於列強在華商業利益的確保。如此，清政府究竟為何存在？為誰存在？便是一大問題。

中國國際地位的改變

在外交上既然不承認清廷的宣戰，則義和團事變及其後果，乃是直接以義和團為代表的所謂中國人民。原本曾被歐洲慕為文明古國的中國，縱使聯軍的軍紀表現十分不文明，卻因此被視為半野蠻的國度。自鴉片戰爭以後，中國從天朝上國被迫進入條約體制，甲午戰爭之後失去東亞強國的地位淪為二等國家，固然是國家地位的下降，但是尚未觸及文化的價值及國民的素質問題，至此則連文化的價值都受到質疑，國際地位更趨下落。有學者便指出，以後列強用退還的庚子賠款在中國興辦教育事業，可能與此一歷史背景有關。

清帝國在《門戶開放宣言》，特別是《辛丑議定書》簽訂以後，國家的主權及行政權得以確保，並非由於列強對清廷本身的尊重，而是由於列強認為此舉合乎其在中國大陸的利益。在某種意義上，既然清廷的角色乃是為了保護列強在中國的利益而受到尊重，則清帝國的存在是為了中國人民的權益，還是為了列強的利益，便成為問題。或許正如當時革命黨的章太炎所指稱的，清朝的皇帝已經成為列強在華利益的維護者，效忠清廷或是擁戴皇帝的大臣、士大夫，也間接成為列強利益的維護者。

前述的說法當然不無爭議之處，但是卻是使得革命黨取得批判清廷政府，對抗立憲派，更具正當性的理由。而就中國近代思想史的脈絡來看，章太炎也藉此提出，在對抗帝國主義的侵略時，人民才是政治主體的理念。而此一發展，對於承認人民是國家的主人的民主政治體制而言，有其不容忽視的重要性。

習　題

一、英、美為何聯手，在中國推動門戶開放政策？
二、東南自保的性質為何？又有何影響？
三、八國聯軍之役後，中國國際地位有何改變？

第三章　晚清的改革與革命

第一節　維新與立憲

甲午戰後思想的轉折

甲午戰爭以後，李鴻章主導的北洋海軍及洋務發展受到重創，在洋務運動的領導地位也告動搖。相對地，張之洞、劉坤一等人的重要性則大增，成為後期洋務派的要角。

經過甲午戰爭的刺激，加上洋務運動過去推展的成果，無論在具體建設，或是西學的引進上，也有一定的效果，士大夫階層對於引進西方技術與西學的腳步越趨積極。結果能夠接受洋務運動理念的士大夫大增，成為此一階層的主流，換言之，洋務運動的推展並未停止，反而越發積極。

但是，由於前述甲午戰敗的刺激，以康有為為首的維新派也逐漸崛起，他們在引進船堅砲利、追求富國強兵的態度上，與洋務運動的方向相合。而在進一步引進西洋制度和西學方面，則對原有的體制造成衝擊，與態度較為保守的張之洞等人有所衝突。

因此，原本洋務運動的理念是中國引進西方技術、西學的前衛思想，至此則具有雙重的性格。其一是繼續引進合乎洋務運動目標的西方文化；其二則是壓制維新派進一步引進西方制度的意見。不僅如此，如前所述，由於甲午戰後中國國際地位下降，甚至面臨瓜分的危機，這使得「自強」的理念似乎不足以應付世局的演變，「救亡圖存」成為引進西方文化的重要訴求。而洋務運動的理念雖然已經成為士大夫階層的主要思潮，但當時「救亡圖存」訴求的象徵，則非康有為所領導的維新運動莫屬。

公車上書

光緒二十一年 (1895) 清日議和之際，康有為與其學生梁啟超正入京參加會試，遂在康氏的策劃下，由梁氏出面發動參考的舉人進行請願。而後在康有為主導下，一千兩百多位舉人聯名請願，提出拒絕和議、遷都再戰、變法圖強等訴求，史稱「公車（指舉人）上書」❶。都察院拒絕代奏，但是此舉則轟動京城，使康有為受到廣泛的注意。

在此之前，康有為個人便曾有意上書光緒帝，條陳其主張，惟囿於體制，無人代奏而未果，也沒有受到注意。此時，打破清廷不許士民議政的傳統，又聯名一千兩百多位舉人，實開中國在野士大夫進行政治運動的先河，對既有體制所造成的潛在衝擊，不容忽視。

開民智運動的展開

「公車上書」以後，康有為在北京先創辦《中外公報》，又組織強學會。其後在上海成立強學會分會，創刊《強學報》。這種創辦報刊、組織學會的方式，逐漸推展開來，而且除了康有為系統以外，其他有志於介紹新思想、傳播新觀念的團體、刊物也陸續創辦。

由於這些學會、刊物的主要目的及貢獻在於開發中國的民智，以啟發

---

❶ 公車上書：清光緒二十一年 (1895) 清廷敗於日本後訂《馬關條約》，割地賠款，損失慘重。消息傳來，士情激憤，適為會試之期，天下各省舉人遍集北京，康有為乃率弟子梁啟超、麥孟華等，鼓吹應試舉人共同上書清廷，拒絕日本要求。而以漢代行徵辟之制時，士人應徵，均由公家備車，是以日後稱赴京應試之舉人為公車，此回上書事件，即稱公車上書。

康有為集中國十八省舉人於北京，力言國勢危殆，非變法無能自強，到會者公推康領銜奏請變法，康擬萬言書，於四月八日上於清室，其言大要為：一、下詔鼓天下之氣，二、遷都定天下之本，練兵強天下之勢，三、變法成天下之治，並力申「富國之道」、「養民之法」。

此萬言書既上，各省舉人車馬共集於都察院，人潮長凡五里，衣冠塞塗。然清廷未納，書空咄咄。唯舉國震動，影響視聽甚鉅，而後厥有戊戌變法。

圖 14　光緒帝　　　　圖 15　康有為

新知，故有史家稱為開民智運動。

康有為的變法理論

康有為既是晚清變法維新運動的領導人，也是當時變法維新理論的提出者。當時康有為的理論，主要是透過《新學偽經考》及《孔子改制考》兩本書表現出來。

由於王莽的新朝是以古文經作為正統，康有為則站在今文經的立場攻擊古文經本質上是後人假造的偽經，故撰寫《新學偽經考》。如此試圖先建立今文經的正統地位，並從今文經（特別是公羊學）尋找支持變法維新的理論。後者就是《孔子改制考》的根本意圖所在。

藉著反對古文經學派論述下孔子「述而不作」的形象，主張孔子是「託古改制」的聖人，以建立聖人變法的正當化。再以光緒帝作為皇帝，亦居聖人之位，自可揚棄祖宗法制，而進行變法維新。如此，以皇帝作為變法維新的主體，建構出變法維新的切入點。

戊戌變法的主要內容

在康有為多次上書光緒帝，要求及時變法維新以後，光緒二十四年(1898)，光緒帝召見康有為，下詔申言變法圖強。以後三個多月，有關變法

維新的詔令接連不斷。主要內容如下：

　　1.政治體制方面：中央裁撤通政司、太常寺、大理寺等衙門，設立農工商總局，並允許低級官員及士民上奏。

　　2.教育方面：創立京師大學堂（北京大學的前身），將地方大小書院改為中學堂，並興辦小學堂，同時鼓勵民間興學，並選派留學生。

　　3.科舉方面：文科廢除八股文，改以策論取士，武科改試槍砲。

　　4.軍事方面：令八旗改習洋槍、洋操，裁減綠營，下令各省練兵，並逐漸實施徵兵制。

　　5.經濟方面：獎勵創造發明，下令各省學堂編譯農務書籍。

　　而新政的詔令雖然不斷，但是，各省督撫卻大多沒有實際奉行，新政成效有限。

戊戌變法的雙重性

　　就前述內容而言，除了廢八股文、裁汰冗官、改革教育體制影響較大之外，其他內容在過去洋務運動的主張亦多已言及，李鴻章也曾上奏過一些相類的意見。如此一來，戊戌變法的格局似乎也與一般的印象相去甚遠，據說康有為對此亦感到失望。

　　就此而言，可以將北京及地方（主要是湖南）推動新政分開加以討論。早在中央政府推動新政之前，在湖南巡撫陳寶箴的支持下，梁啟超擔任時務學堂總教習，與譚嗣同、唐才常等人便積極在湖南推動新政。

　　當時梁啟超欲使湖南能先自立、自保，主張由時務學堂為中心開民智，而以南學會來開紳智，進而伸張民權、紳權。隱含南學會以學會為名，以成為議會作為其發展的目標。整體而言，梁啟超在湖南所推動的新政內容，已超過中央政府的變法規模。同時，梁啟超在教導學生之時，也藉著「揚州十日」等史事的討論，表現出其內心潛伏的「反滿革命」傾向。

戊戌政變與維新終結

　　當戊戌變法推動之時，以慈禧太后為首的反改革力量逐漸凝聚。光緒

帝雖支持變法維新，但難以克服慈禧隱然掌握大權的事實。

　　戊戌變法開始以後，雖然幅度並不算大，但是廢八股文卻已對準備科考的士大夫造成相當大的衝擊，而裁撤冗員機構，更使既得利益者人心惶惶。加以主張變法維新者多屬漢人，更添滿洲權貴的口實。因此，反變法的行動已暗中在醞釀、推動。後來，新黨積極拉攏在天津附近練兵的袁世凱，並圖謀發動政變，使光緒帝得以擁有實權。此舉固有魯莽之處，實亦有求自保之意。結果，袁世凱卻向舊黨告密。

　　袁世凱此舉是否為慈禧發動戊戌政變的導火線，史家意見頗有歧異。不過，在此之前舊黨已有發動政變的意向，以及袁世凱告密以後，使慈禧對新黨更加懷恨，則大體可信。這也可以從政變以後，對新黨的處分由輕而重的狀況，看出端倪。

　　慈禧順利發動政變，幽禁光緒帝，重新臨朝聽政。康有為、梁啟超得到英、日兩國的協助，安全走脫。楊深秀、楊銳、林旭、劉光第、譚嗣同、康廣仁則被捕處死，史稱戊戌六君子。至於其他主張新政的官員，亦分別受到罷黜、議處。百日維新的新政幾乎完全被推翻，主要的殘留物只有京師大學堂。

立憲思想的推廣

　　從康有為歷次上書的內容來看，實行君主立憲大體上是其理想。不過，光緒帝主導的戊戌變法，從內容來看，則看不到推行君主立憲制度的痕跡。因此，戊戌變法的失敗，與立憲運動的成敗並沒有直接的關係。

　　康有為、梁啟超流亡海外，則更明白強調君主立憲的主張。特別是梁啟超，在日本主持言論刊物，糾合同志，大力鼓吹君主立憲言論影響頗大。

　　而光緒三十一年 (1905) 日俄戰爭，日本擊敗俄國，被中國朝野視為立憲戰勝專制的象徵。在追求富強的殷切期望下，中國本土的立憲運動正式成為歷史舞臺的主流。清廷政府對此亦沒有排斥，先派遣戴澤、端方等五大臣出國考察，復於光緒三十二年 (1906) 下詔預備立憲。

圖 16　清末派往歐洲考察憲政的大臣及隨員

立憲運動的發展

　　光緒三十四年 (1908) 六月，清廷先頒布了《諮議局章程》及《諮議局議員選舉章程》。八月又頒布了《憲法大綱》，預備九年後召開國會。

　　而在民間方面，梁啟超在日本大力鼓吹君主立憲的理論，並組織政聞社，於光緒三十四年在上海正式活動。中國本土的仕紳，以張謇、湯壽潛為首，則在光緒三十二年於上海組成預備立憲公會，其後湖南、湖北、廣東也紛紛組成類似的團體。

　　宣統元年 (1909)，各省諮議局成立，則給予立憲運動發展的便利。擔任江蘇諮議局議長的張謇，先邀請十六省諮議局代表，合組請願聯合會，展開加速立憲的請願行動。從宣統元年十二月，到次年九月，共發動了三次請願，規模亦越來越大。從最早的諮議局聯合會，到民間團體、海外華僑派代表加入，到各省督撫上奏支持。宣統二年 (1910) 十月成立的資政院亦通過決議支持。原本各省諮議局成員一半民選、一半官派，資政院成員則一半由各省諮議局間接選舉產生，一半官派，就理論而言，清廷直接掌控一半的成員，加上成員的出身背景，諮議局及資政院本以支持清廷的仕

紳為主力。但是，立憲與召開國會的主張已經蔚為風潮，無論是諮議局或是資政院也積極表達政治改革意見，清廷試圖壓制的結果，失去了立憲派仕紳的支持。

清廷雖於十一月宣布縮短預備立憲年限為六年，但改革的步伐依舊太慢，立憲運動者仍大感失望。十二月清廷又將東三省代表押解回籍，並下令各省督撫壓制請願行動，此舉更大失立憲派的人心。本來出身官僚、仕紳的立憲派，多是政府的支持者，情勢演變的結果，他們反而成為清廷政改的重要反對力量，清廷的危機越趨嚴重。

皇族內閣的出現

早在討論立憲的過程中，部分的滿洲權貴即主張力行中央集權，意圖削弱漢人佔多數的督撫權限。宣統三年 (1911) 廣州起義之後，清廷政府表示為履行去年的改革諾言，設立責任內閣制，裁撤舊內閣、軍機處。

而內閣組成中，計總理大臣一人、協理大臣二人及各部主管大臣十人，漢人只有四人，蒙人一人，滿人則佔了八人，其中皇族就有五人，時稱皇族內閣。此一組成，乃是藉著實行責任內閣制之名，使滿人掌握大權。對於此一狀況，之前受到清廷打壓的立憲派不滿不僅沒有減輕，對清廷政府反而更加失望。結果，在武昌革命以後，立憲派主導的各省諮議局紛紛傾向革命，這是造成清廷覆亡的重要原因。

習　題

一、甲午戰爭以後，洋務運動的命運如何？其主張的定位又有何變化？

二、康有為的變法理論與今文經有何關係？試說明之。

三、皇族內閣出現，對立憲派的立場造成何種影響？

第二節　革命的倡導與發展

革命的倡導

中國近代革命的倡導，孫中山扮演重要的角色。據說他在童年聽太平天國老兵訴說太平天國的軼事時，便產生漢族革命的意識。而後隨母親赴檀香山就學及在香港西醫書院就讀，接受的是西式教育，與康有為、梁啟超接受中國傳統教育出身有所不同。或許由於不具備功名及仕紳的身分，光緒二十年 (1894)，他透過盛宣懷等人的關係求見李鴻章而未果。

甲午戰爭北洋海、陸軍戰敗，孫中山在檀香山組織興中會。光緒二十一年 (1895) 旋回香港，與楊衢雲等人結合，組成興中會總會。並正式以「驅逐韃虜，恢復中華，創立合眾政府」作為入會誓詞。由於楊衢雲亦力爭領導權，最後孫中山同意由楊氏擔任興中會的會長，並為合眾政府建立後大總統的人選。

興中會成立即密謀在廣州起義，但是起義前事機便已洩漏，結果陸皓東等人被捕殉難，清廷政府則公告緝拿孫中山及楊衢雲。

倫敦蒙難

光緒二十二年 (1896)，被清廷政府通緝的孫中山抵達倫敦。結果在中國公使館人員的計誘之下，被騙入使館，準備解送回中國。

本來孫中山是清帝國的子民，清政府根據主權理論的「對人高權」，可以依法通緝逮捕。但是，倫敦是英國的領土，根據「領土高權」，英國政府對於他在英國的作為有管轄權。因此，中國公使館計誘孫中山的行為，有侵犯英國主權之處，加上孫氏雖被通緝，卻是政治犯的身份，在國際慣例中與一般罪犯不同，既經合法入境，則受到較佳的保護。

因此，當康德黎知道孫中山被誘捕後，聯絡英國外交部，與清帝國公使館交涉時，英方便堅持依據國際法原理及尊重英國主權的原則，要求加

以釋放。而駐英公使館面對英方的壓力，又欠缺法理支持，最後終於放人。

由於事件過程中，媒體廣泛的報導，不僅使中國革命行動得到免費的宣傳效果，孫中山在中國革命所扮演的角色亦廣為人知。倫敦蒙難事件的解決，竟帶來意外的收穫。

革命的繼起與發展

光緒二十六年 (1900)，北方發生庚子義和團事件，孫中山便命鄭士良回惠州發動起義。一開始戰事尚稱順利，但不久以後餉彈便因欠缺接濟而告不足，鄭士良見起義難以繼續，不得已便解散部眾，惠州革命功敗垂成。

其後新的革命團體亦紛紛成立，光緒二十九年 (1903)，湖南人士黃興、宋教仁、陳天華成立華興會，蔡元培、徐錫麟、陶成章則成立光復會。次年，與華興會相通的科學補習所成立。同年，華興會計劃在湖南舉事，屬於科學補習所、光復會的學生及哥老會密謀響應，結果因為事機不密而失敗。

光緒三十一年 (1905)，孫中山抵達東京，與主張革命的各團體、個人接觸。結果，以興中會、華興會、光復會的部分會員為主體，組成同盟會。其中人數以華興會會員較多，而在黃興的支持下，共推孫中山為總理。

次年，同盟會的《軍政府宣言》明白提出中華民國的國號，強調驅逐韃虜，恢復中華以外，建立民國體制，亦是革命運動的重要目標。

革命與立憲的論戰

同盟會成立後，《民報》創刊，成為革命的機關刊物。而在海外本來革命黨與立憲派為了革命與君主立憲的路線之爭，即時有爭議。《民報》出刊正式與梁啟超主持的《新民叢報》對壘，引發一連串的論戰。《民報》方面主要代表人物包括汪精衛、胡漢民、章太炎等人，《新民叢報》方面則主要依賴梁啟超一人。

既是革命與君主立憲之爭，《新民叢報》認為革命必然導致內亂，引來外國干涉，甚至革命未成便招來外國瓜分的橫禍。《民報》則指出革命是內

政問題，只要不排外，未必引起國際干涉。縱使外國介入，亦必激起國人同仇敵愾與之對抗，而且，清廷政府根本沒有改革的誠意，無法期待在體制內進行改革。此外，《新民叢報》認為中國人民的教育水準不夠，國民能力不足，必須採用啟蒙式的「開明專制」十年以開民智。《民報》則引用天賦人權的學說，強調自由人權係人類共同具有的，天生即具備擁有的權利與能力，並認為只要共和政府一成立，透過制度建立以後的運作，人民的能力自然養成。

除了革命、共和體制之外，民族主義亦成為論戰的重點。革命派站在血緣的民族主張之立場，強調滿人是外來的統治者，必須驅逐，重建以漢族為主體的國家，被稱為「小民族主義」。《新民叢報》則認為滿族與漢族歷經二百多年的共同生活，已然難分彼此，應該要求平等合作，面對共同的歷史命運，並以此為基礎來討論民族主義，是謂「大民族主義」。

立憲派面對革命黨堅決主張民族革命的說法，也曾批評革命黨以驅逐韃虜的論述來進行政治革命，可能難以避免「革命雖成，滿蒙必失」的後果。同時，在彼此的對立攻擊中，雙方對於政治性的「國民」意涵，也有相當的討論，注意到國民與民族之間的複雜關係。

雙方論戰的結果，梁啟超孤軍筆戰學識與其相若的同盟會菁英，半年後即漸感不支，最後亦不得不承認論戰的失敗。光緒三十三年 (1907)《新民叢報》停刊，《民報》則繼續宣傳革命理論，直到次年被日本官方下令停刊為止。

同盟會成立後的革命行動

同盟會成立以後，革命派勢力大振，除了前述與保皇黨展開論戰之外，革命行動亦此起彼落，持續不斷。當時革命的行動固然主要由黨員策劃，起義時則往往係聯絡會黨或新軍，以其作為革命武力的主力。

光緒三十二年 (1906)，藉著長江各省騷動的機會，同盟會成員劉道一、楊卓林及蔡紹南等人運動江西、湖南的會黨作為主力起事。聚眾數萬人，奮戰月餘才宣告失敗。結果劉道一被殺，武昌的日知會被封，部分新軍軍

官被革職，長江流域的同盟會及革命相關組織遭到相當的破壞。不過，同盟會的聲勢卻因此大振。

次年 (1907)，革命行動四起。包括由余丑領導，以會黨為主體在廣東饒平發動的黃岡之役；鄧子瑜在廣東惠州七女湖，也以會黨為主力發動的起義。另外，光復會的徐錫麟與秋瑾分別在安徽安慶及浙江紹興活動，組訓學生，聯絡會黨，籌組光復軍。同年五月，徐錫麟率領的巡警學堂學生於安慶刺殺巡撫恩銘，不過革命則未成功。秋瑾聞訊亦率大通學堂學生倉促發動紹興起事，不幸亦遭鎮壓，秋瑾成為第一個為革命被害的女性。

徐錫麟及秋瑾舉事雖不成，徐氏刺殺恩銘的行動，卻使清廷的官吏感到惶恐。而秋瑾被殺，則或許因為女性的關係，使清廷的官吏從巡撫以下，俱受到輿論的指責。他們的犧牲，振奮了支持革命的人心。

同時，自光緒三十三年 (1907) 至三十四年之間，以黃興、黃明堂、王和順為中心，陸續發動了防城之役、鎮南關之役、欽州、廉州之役、雲南湖口之役。另外，新軍軍官熊成基率軍在安慶城外起事，亦告失敗，死傷數百人。

宣統二年 (1910) 正月，曾經圖謀影響劉道一未果的倪映典，在廣東率領新軍起事，圖謀進攻廣州，不幸亦告失敗。

三二九之役

宣統三年三月二十九日（1911 年 4 月 27 日），由黃興率領革命黨人於廣州起事。原訂諸路並舉，結果步驟不一，黃興率領的一百多位青年成為起事主力。結果，在李準率軍壓制之下，宣告失敗，死難八十六人，其中七十二人合葬於黃花岡，史稱「黃花岡七十二烈士」❷。

此一起義雖然死傷人士並非最多，但是黃興率領的黨人在敵眾我寡的狀況下，悍然依計劃發動起事。此次革命行動犧牲雖然慘重，對清廷不抱希望的人心，則起了振奮的作用。以後，由於部分革命黨人對邊區起事策

❷　其後，以紀念「黃花岡七十二烈士」為名，訂 3 月 29 日為青年節，則是陽曆與陰曆時間的混淆。

略的反省，有人主張轉移到長江流域活動，這也是武昌革命的先聲。

習　題

一、孫中山倫敦蒙難時，英國政府以何理由援救其脫險？

二、同盟會組成的背景為何，孫中山又如何被推為領袖？

三、革命派與立憲派論戰過程中，對於民族主義有何不同的主張？試討論之。

第四章　辛亥革命與民初政局

第一節　辛亥革命與民國創建

辛亥革命的名稱

　　宣統三年 (1911) 也就是辛亥年，共發生兩次革命，一次是三二九黃花岡之役，另一次則是八月十九日（1911 年 10 月 10 日）發生的武昌起義。因此，辛亥革命實際上包括黃花岡之役及武昌起義，而由於武昌起義與民國創建密不可分，故提及辛亥革命與民國創建時，一般皆以武昌起義作為辛亥革命的代表。

起義前夕的武昌情勢

　　黃花岡之役前，宋教仁與居正、陳其美、譚人鳳等旅日同盟會會員討論革命方法時，宋教仁認為首都（北京）革命是革命的上策，不過不易推動，至於原本在廣東等邊地起義則是下策，因此在長江流域革命是較佳的選擇。

　　廣州三二九起義失敗後，在長江流域推動革命的行動更趨積極。五月，武昌兩個主要革命派別共進會、文學社有合併之議。兩個月（閏六月）後，由宋教仁起草簡章的中部同盟會正式成立。其後各省支部紛紛成立，準備在兩年後大舉起義。

　　但是，宣統三年 (1911) 四月清廷政府採納郵傳部大臣盛宣懷的建議，宣布將原由民間集資興建的鐵路收歸國有，並向英、法、德、美四國銀行團借款。此舉引起民間不滿，加上鐵路收歸國有的補償有欠公允，兩湖、

四川、廣東紳民激烈反對，特別是四川的保路運動聲勢最大。清廷遂命端方率領武昌的部分新軍入川處理,而武昌的革命黨人則乘機積極籌備革命。

武昌起義

宣統三年八月十九日（1911 年 10 月 10 日），湖廣總督瑞澂因為前日破獲革命機關，已經掌握革命的計劃，乃下令武昌閉城大捕革命黨人。而參與革命的新軍聽說黨人名冊已被官方取得，故決定先發制人。當日晚上，新軍發動起義，並以砲隊攻擊督署，瑞澂大驚之下，並未積極派兵鎮壓，反而與第八鎮統制張彪逃離武昌城，武昌遂告光復。

當時革命黨的重要領導幹部都不在武昌,起義的新軍軍官的資望又淺，因此八月二十日與立憲派為主的諮議局共商大計時便建立合作關係，民政方面由立憲派負責，革命黨人則主持軍事。同時，再由原諮議局議長湯化龍出面，促使二十一混成旅協統黎元洪接任都督。

而漢陽新軍的革命黨人聞武昌起義後，二十一日凌晨先發動兵變控制漢陽，繼而向漢口進攻。得到漢口新軍的響應，二十一日中午漢口亦告光復。

列強的中立

瑞澂逃離武昌後，即請求德國協助鎮壓革命，而各國領事開會時，因為法國領事羅氏 (U. Réau) 對革命黨較為好感，力主不干涉，故各國終未採取行動。二十一日軍政府更派員致函漢口各國領事館，要求承認革命軍是「交戰團體」，並聲明保護外國僑民生命財產的安全。

漢陽、漢口光復以後，各國領事觀察革命的發展，與義和團全然不類，而且頗能維持秩序，遂於二十七日正式宣告採取中立政策。至此，武漢三鎮的革命行動乃免於受到外力干涉。

各省的響應

武昌起義雖然一戰成功，但是辛亥革命之所以成功，則各省的響應實

為關鍵之所在。特別是湖南的光復，不但使武漢免除後顧之憂，更能提供後援，甚至派軍助戰，使湖北革命軍與清軍的作戰，不致遭到清軍強力壓制，得以維持一定的局面。至於上海、南京的光復，擴大了革命勢力控制的區域，一方面使武漢的壓力大減，一方面特別是上海攸關國際視聽，又是重要的通商口岸，對於革命情勢有相當大的正面影響。

而在各省響應行動上，湯化龍以諮議局議長的身分通電各省，影響甚大。在江蘇方面，立憲派張謇也扮演了重要的角色，特別是在籌款方面，有相當的貢獻。事實上，除了張謇、湯化龍以外，立憲派主導的各省諮議局對於各省的政局走向，乃至於宣告獨立，往往有關鍵性的影響。

立憲派的貢獻

除了對於各省政局走向的實質影響外，立憲派對於革命的貢獻，則在言論的方面。由於革命黨的言論，動輒被禁，在中國國內傳播不易，而立憲派在國內的重要領導人不僅在地方上夙孚人望，其言行更受各方注意。從請願要求召開國會以來，他們對清廷越來越失望，批評也越來越激烈。

他們主張責任內閣制，批評清廷的腐化，由於其身分使然，更容易深入民心，而為革命的發展，營造出有利的情勢。而在武昌起義以後，他們支持革命的行動，對於革命取得人民的支持，乃至於給外界安全感，都有相當正面的助益。也由於他們有舉足輕重的地位，他們的立場以及路線的選擇，對於革命的後續發展，產生不容忽視的影響。

北方革命的功敗垂成

武昌起義後，北方亦展開革命行動。九月八日駐在直隸灤州的第二十鎮統制張紹曾，及駐兵奉天的第二混成旅協統藍天蔚發動兵變，先要求清廷立憲、實施責任內閣制，繼而扣留軍火，力主停戰。並致電武昌軍政府，頗有聲援之意。

另一方面張紹曾與駐在保定的第六鎮統制吳祿貞密謀,合力進攻北京。而本為革命黨人的吳祿貞在武昌起義後，先是託辭不動，當山西響應革命

後更與同為革命黨人的山西都督閻錫山協議合作，進而扣留清廷運往湖北的軍火，要求儘速停止戰事。由於吳祿貞所部距北京甚近，又截斷清軍南下之路，因此清廷便收買其手下，在石家莊將其暗殺。

吳祿貞既死，所部遂告潰散，北方革命則功敗垂成。而由於北方革命未成，袁世凱也才有機會在清廷與革命軍的對抗中，以兩面手法謀取個人的政治利益。就此而言，北方革命的失敗雖未影響建立共和的大局，卻對民國初年政局的發展，有關鍵性的意義。

袁世凱掌握大權

武昌起義後，清廷見北洋諸軍作戰不力，便思起用罷官在家的袁世凱。而袁世凱則藉機要挾，先取得統籌全局之權，由其舊部馮國璋、段祺瑞分別出任第一軍總統及第二軍總統之職，而袁則以欽差大臣的身分至湖北督師。前述山西獨立後，張紹曾、藍天蔚更宣稱「軍情浮動」，要求清廷改革、讓步。清廷面對軍事威脅，同意組織「非皇族內閣」，由袁世凱出任總理大臣。而在吳祿貞身亡後，袁世凱來自北方的威脅解除，繼而積極圖謀操縱清廷與軍政府雙方。一方面用武力向湖北方面施壓，一方面則派員與軍政府接洽，希望取得黎元洪等人的支持，得以主導其後的政局。十月九日軍政府遂決議，只要袁世凱能推翻清廷，便推袁氏擔任中華民國的大總統。

而袁世凱的企圖除了取得北洋將領的支持外，立憲派的領導人張謇則早在八月下旬上海、南京尚未光復前，即已決定擁護袁世凱的大方向。連因戊戌政變與袁世凱結怨的梁啟超，也在革命以後決定在孫中山與袁世凱之間，選擇支持袁世凱。甚至連革命陣營之中，支持迫使清帝退位者出任大總統的意見，也此起彼落。

而擔任清廷內閣總理的袁世凱，在此有利的情勢下，便繼續向清廷與革命軍雙方施壓，希望掌握未來中國政局的主導權。馮國璋率軍先後打下漢口、漢陽，威脅武昌。袁氏先去電制止，再將其調回接掌禁衛軍，湖北方面的軍事則由段祺瑞指揮，再由英國方面斡旋停戰。而後在取得隆裕太后之命後，袁氏再派唐紹儀與革命軍代表伍廷芳在上海會談。

民國元年 (1912) 一月二十六日段祺瑞在前線率領北洋軍的重要將領四十七人通電，要求宣統皇帝退位，改制共和。隆裕太后在接獲報告後，於一月三十日召開御前會議，決定自行宣布共和。二月三日更授予袁世凱全權，與南京臨時政府商訂退位後的優待辦法，宣統並於二月十二日正式宣布退位。其間，袁世凱則手握清廷的全權，積極朝向中華民國大總統之位布署。（註：本節民國元年元旦以後係採陽曆，之前則用農曆。）

臨時政府成立與政局發展

宣統三年 (1911) 十一月十日在南京革命陣營的各省代表會召開臨時大總統選舉會，每省一票，孫中山得十六票，黃興得一票，孫中山當選，並於民國元年 (1912) 元旦（農曆十一月十三日）宣誓就職。

二月十一日孫大總統接到袁世凱主張共和的電函後，為了顧全大局，便覆電慨然承諾讓位。清帝退位後，十三日孫大總統即向參議院辭職，並推薦袁世凱繼任。而在辭職咨文提出三條件：1.臨時政府設於南京，不得更改；2.必須等到參議院選出的新任大總統至南京就職後，孫大總統及原任各國務員才告解職；3.新總統必須遵守參議院通過的「臨時約法」。

二月十五日參議院全票選出袁世凱繼任臨時大總統，而袁世凱則於同日通電各省，拒絕赴南京就職。二月十八日，政府並派蔡元培為歡迎專使，率團前往北京歡迎袁氏南下。二十七日，蔡元培率員抵達北京，袁世凱則表示解決北方善後安排事宜後，即可赴南京。結果二十九日夜，曹錕所部的第三鎮發動北京兵變，天津、保定各地駐軍也告譁變。三月一日，蔡元培等人會商，認為袁世凱不能南下就職的情勢已成，為穩定大局，遂致電孫大總統，建議允許袁氏在北京就職，並將臨時政府遷往北京。三月六日，參議院接受袁世凱可以在北京就職，並要求其將宣誓之電文覆電參議院。三月八日，參議院接到袁世凱的電文，三月九日咨請孫大總統將袁氏誓詞公告全國。次日，袁世凱即於北京就任第二任臨時大總統。而孫大總統則於四月二日正式咨告參議院並通告全國，才宣布解除臨時大總統一職。臨時政府及參議院遷往北京。南京善後事宜，袁世凱則任命黃興為南京留守

負責。三個月後，黃興完成軍事編遣工作後，自動請辭。

　　總體而言，孫大總統在位只有三個月，而且大部分時間忙於與袁世凱交涉。到了執政的晚期，才致力於內政改革。由於時間甚短，改革的政令一時未能貫徹實行。不過，其中有關女權的提倡、禁止買賣人口、男子剪去髮辮、女子不許纏足、革除官方「大人」、「老爺」的稱謂等等，都頗具有刺激社會風氣改變的意義。

袁世凱就職前後政治體制的發展

　　袁世凱要求在北京就職，之所以被接受，除了北京兵變造成的局勢外，南京參議院早在討論定都問題時，也曾決議定都北京。因為與前述三條件不合，孫大總統提請覆議，並經同盟會強力動員，才翻案決定定都南京。在此背景下，在北京兵變後，袁世凱要求改定都北京，才能夠順利為參議院接受。

　　從辛亥革命到袁世凱接任臨時大總統，短短數月之間，有關政府體制的設計已經更迭數次。宣統三年 (1911) 十二月二日，各省都督府代表聯合會於漢口商討制定《中華民國臨時政府組織大綱》（簡稱「組織大綱」），次日正式通過「組織大綱」共 4 章 21 條條文，是第一部「臨時憲法」。不過，由於由於參與成員意見不一，加上其後被推選為臨時大總統的孫中山不滿意大總統欠缺實權的政府體制，這部「組織大綱」先後總共經歷了 4 次修正，直到民國元年 (1912) 一月一日孫中山就任臨時大總統的翌日，大總統擁有相當實權的「組織大綱」才告定案。

　　其後在袁世凱即將擔任臨時大總統之際，臨時參議院積極起草採用一般認為採「內閣制」的《中華民國臨時約法》（簡稱「臨時約法」），並在同年三月八日通過、三月十一日公布。「臨時約法」共 7 章 56 條條文，其有效期間在憲法施行以前。「組織大綱」與「臨時約法」兩者體制的大異其趣，一方面是由於中國同盟會（簡稱同盟會）領導幹部宋教仁等人原本就偏向內閣制的制度，另一方面也是針對袁世凱的「對人立法」。袁世凱對此自不滿意，成為其後主導政治體制改變的原因之一。

習　題

一、宋教仁何以主張在長江流域革命？試說明之。

二、各省的響應，對辛亥革命的成功，有何影響？

三、立憲派在言論方面，對於革命有何貢獻？

第二節　民初政局

從政黨內閣到內閣政黨

　　民國元年 (1912) 三月八日，袁世凱向孫大總統提議任命唐紹儀為國務總理，孫大總統旋即咨請參議院同意。三月十一日，參議院同意此一人事案，三月十三日袁世凱以大總統名義任命唐氏為國務總理。三月二十五日，唐紹儀至南京就袁大總統所擬各部總長名單與孫大總統協商，並由孫大總統咨請參議院行使同意權。

　　唐紹儀內閣中有四位同盟會籍的部長，而他本人為了表示合作誠意，也於三月三十日加入同盟會。唐氏在南北議和之時，本為袁世凱委任的北方代表，在和談過程又與同盟會黨人有所來往，為當時少數南北雙方皆能接受之人選。但是，由於唐紹儀結納同盟會黨人之舉，又引起袁世凱的懷疑。結果，因為後續的借款案及直隸都督的人事案，唐內閣的政策得不到大總統的支持，唐紹儀遂於六月十六日辭職。

　　袁大總統旋即提名原外交總長陸徵祥組閣，結果因為陸氏發言不當，所提內閣人事遭到否決。後因此一內閣人事遭否決事件引發反彈，參議院不得已才通過人事案，但旋即彈劾陸徵祥，陸氏遂請假由趙秉鈞代理。九月二十五日，袁大總統任命趙秉鈞擔任國務總理，其與大多數閣員多加入同盟會改組的國民黨，算是國民黨內閣。

　　但是，趙秉鈞實乃袁氏的私人，加入國民黨不過是一時權宜。因此，

本來應該是政黨為了貫徹政見，取得支持後組成政黨內閣，在民國初年則成了為了入閣而加入政黨，形成內閣政黨。

民初的政黨

民國元年 (1912) 三月，同盟會改為公開政黨。當時曾有推汪精衛為黨魁之議，其後則推孫中山為總理。但是，同盟會內部意見不一，新加入者固不乏趨炎附勢之徒，原有的會員中，如章太炎等人則脫離組織，另組政黨。而宋教仁為了爭取國會的控制權，更積極爭取支持，八月二十五日擴大組成的國民黨成立，推孫中山為理事長，而孫氏則請宋教仁代理。

相對於同盟會，立憲派內部也流派不一，海外的康、梁系統（主要是梁啟超）與國內的張謇、湯化龍等人，意見也未能統合。當同盟會改組為國民黨之時，以梁啟超為領袖的立憲派也組成民主黨。而由於國會選舉失利，梁啟超於民國二年 (1913) 二月加入共和黨，五月，共和、民主、統一三黨正式組成進步黨與國民黨抗衡。

立憲派系的選擇

在辛亥革命以後，民國肇建之際，立憲派之所以支持袁世凱，有相當大的原因是害怕革命黨較為激進，而選擇看起來比較穩健與其溫和改革政治路線較為接近的袁世凱。另一方面，則是認為手握重兵的袁氏有穩定大局的力量，不致因為戰事延長，對國內、外大局造成不利的影響。

袁世凱接任臨時大總統後，與俄國就外蒙古事宜私訂協約，即引起部分立憲派人士的攻擊。但是，雙方合作的大勢則沒有改變。當袁世凱領導的北洋系與國民黨的對抗中，作為第三勢力的進步黨則大體上支持袁世凱，力主中央集權與國民黨的地方分權相抗衡。不過，民國初年黨紀不嚴，跨黨者固不乏其人，因為人際關係而非主張相同而入黨者亦不在少數，因此黨員個人的政治主張與政黨的政見容易有出入，這也是民初政黨的特色之一。

二次革命

　　民國二年 (1913) 初，國會大選結果國民黨在參、眾兩院都成為多數黨，宋教仁有組成政黨內閣的趨勢。袁世凱害怕宋教仁組閣對其不利，因此透過國務總理趙秉鈞買通兇手於三月二十日在上海將宋教仁暗殺。宋教仁死後，國民黨內部即有主張武力起事者，黃興則力主循司法途徑解決。而司法調查結果，確實也不負所望，一路追查到趙秉鈞，案情直逼袁世凱。

　　袁世凱在宋教仁案後，於四月又在未得到國會同意的情況下，向英、法、俄、德、日五國銀行團借款。國民黨主導的國會極力反對袁大總統的失職越權之舉，袁氏則於借款後，積極整頓兵備。最後袁世凱下令免除國民黨籍的江西都督李烈鈞、安徽都督柏文蔚、廣東都督胡漢民之職後，國民黨才於七月起兵討袁，史稱二次革命。

　　由於袁世凱有充沛的軍資，進步黨又未支持革命，遂形成國民黨獨力對抗袁氏北洋派之局，這與辛亥革命情勢大異其趣。二個月後，二次革命宣告失敗。北洋派的力量乘機延伸到長江流域，馮國璋、倪嗣沖、李純等北洋嫡系紛紛出任長江流域各省的都督。

圖 17　梁啟超　　　　圖 18　袁世凱　　　　圖 19　宋教仁

進步黨與袁氏的疏遠

八月當袁氏已經控制二次革命的戰局時，在進步黨的支持下，提前制定了《總統選舉法》。十月，在便衣軍警及無賴組成「公民團」的脅迫下，經過三次投票，袁世凱當選中華民國第一任正式大總統。

而袁世凱對於「臨時約法」本不滿意，對於國會起草憲法也不支持。十一月四日，遂以國民黨籍議員涉及叛亂為由，取消他們的議員資格，並下令解散國民黨。民國三年 (1914) 一月，再下令解散國會。袁世凱此舉固然受到批評，支持袁氏的進步黨亦受到責難。加上梁士詒為首的「交通系」在財政上亦加以為難，二月梁啟超與同黨籍的國務總理熊希齡遂掛冠求去，雙方合作的蜜月期正式結束。

袁世凱的擴權與稱帝

其後，袁世凱另定《新約法》，將體制名目改為總統制，由大總統獨攬大權，但實際內容與民主國家的總統制不同。同年八月參議院議決修正《總統選舉法》，十二月再經所謂約法會議通過而定案，進一步破壞民主體制。在此一制度下，大總統任期延長為十年，任滿後參議院得直接議決其連任案。如須改選，則由現任大總統推薦可以包括自己在內的三位候選人參加競選。

此一制度與民主憲政體制的精神已全然違背，袁大總統不僅可以成為終身總統，甚至還可以指定繼承人選。但是，袁世凱對此並不滿足，特別是其子袁克定更大力支持帝制，以圖鞏固其接班的地位。

而日本則於民國三年 (1914) 八月，藉口對德宣戰，進兵山東。十一月，青島的德軍力戰後投降。次月，中國要求日本撤軍。民國四年 (1915) 初，日本則提出「二十一條要求」，並以袁氏有意於帝制的舉動相要挾。五月二十五日，除保留第五號若干項目外，袁氏主政的中華民國政府屈服，簽訂包括兩個條約、互換十三件照會的《中日新約》。

《中日新約》簽訂後，袁世凱認為已取得足夠的外交支持，推動帝制

更為積極。同年八月，向來主張漢人君主立憲的楊度，在袁世凱支持下發起籌安會，積極鼓吹帝制。

而後，袁世凱在自我偽造的民意支持下，以國體表決的方式，改變國體，成立中華帝國，並接受推戴擔任皇帝，同時下令改民國五年 (1916) 為洪憲元年。

護國軍之役與袁世凱之死

民國三年 (1914) 組成的中華革命黨，在孫中山領導下本已不斷起兵，對袁世凱稱帝之舉，更繼續糾結同志討袁。但是由於入黨的儀式及誓詞要求黨員效忠孫中山，引起黃興等革命元勳的不滿，而未加入，使得中華革命黨實力大受影響。因此，除了山東、廣東、上海等地外，力量並不大。

但是，由於袁世凱帝制自為，段祺瑞、馮國璋等北洋實力軍人亦離心離德。對於袁氏推動帝制，段祺瑞採取稱病的方式不予支持，在南京的馮國璋表面中立，實際上還協助反對帝制的梁啟超聯絡各方。而討袁的主力，則是進步黨系與舊國民黨人的合作，再配合地方實力軍人的響應。其中由蔡鍔、李烈鈞、唐繼堯領導的雲南護國軍，不但代表各方力量的結合，更扮演討袁的關鍵角色。

袁世凱見各省響應護國軍，以馮國璋為首的北洋系將領又密電要求取消帝制，遂於民國五年 (1916) 三月下令撤銷帝制，仍擔任大總統，但不為反袁各省所接受。當時袁世凱已痼疾在身，五月馮國璋先致電要求袁氏自行退職，繼而又公開率領長江各省抵制袁世凱籌措軍費的行動，而在四川對抗護國軍的陳宦宣告獨立並與袁斷絕關係，更是一大刺激。六月六日，袁世凱病重身亡。

復辟事件

袁世凱死後，黎元洪繼任大總統，恢復「臨時約法」，由段祺瑞擔任國務總理。而由於參戰問題及一連串政策的歧異，民國六年 (1917) 大總統黎元洪宣布免去段祺瑞國務總理一職。段氏不服，擁段的各省督軍、省長亦

紛紛獨立。黎元洪遂召張勳入京，與擁段勢力對抗。不意張勳率軍入京，竟強迫黎元洪解散國會，並擁遜清宣統帝溥儀復辟。

段祺瑞乘機率軍討逆，張勳逃入荷蘭公使館，段氏則復任國務總理。段祺瑞在梁啟超、湯化龍等人支持下，主張民國已因復辟而亡，拒絕恢復與其意見不合的國會，而另立法統，選舉臨時參議院。對此孫中山號召護法，主張恢復舊國會，在廣州成立軍政府，南北正式分裂。

北洋軍閥內鬥

民國七年 (1918)，新國會成立，選舉徐世昌為大總統，副總統則因各方意見不合而難產。而以段祺瑞、馮國璋、張作霖三人為首的皖系、直系、奉系三大勢力則彼此合縱連橫。最早，段祺瑞誘使直系的曹錕支持其武力統一路線，由吳佩孚率第三師兵進湖南。雖然戰事十分順利，但事後曹、吳在中央、地方權力分配上卻一無所得，心生不滿。

民國八年 (1919) 五四運動發生，段祺瑞主導下的政府受到各方抨擊。次年三月，吳佩孚得廣州軍政府六十萬元之助，率軍自湖南北返。加上張作霖因為皖系徐樹錚在內外蒙古擴張勢力，亦心生不滿，轉而聯合直系。七月十四日直、皖兩系正式開戰，三天後取得奉系支持的直系即已掌握戰局，段祺瑞失勢下野。

直皖戰後，吳佩孚力主召開國民大會，制定憲法，遭張作霖悍然反對未果。民國十年 (1921) 底張作霖推薦交通系的梁士詒組閣，引發吳佩孚不滿，批評梁氏親日賣國。次年一月，梁氏請假出京，二月孫中山開始北伐則有配合張作霖等人行動之勢，奉軍也開始派兵增援關內。但廣州方面由於孫中山與陳炯明失和，北伐行動被迫中止，張作霖與皖系聯合與直系抗衡的局面轉為不利。

民國十一年 (1922) 四月第一次直奉戰爭爆發，奉軍雖然兵力較多，但是孫中山受制於陳炯明，皖系的盧永祥受制於江蘇督軍齊燮元，均不能有效配合，吳佩孚則以反日愛國文宣取得輿論的支持，所部又頗富戰力，張作霖的奉軍遂告失敗，退出山海關。

　　吳佩孚過去主張召開國民大會、國是會議都未成功，此時見奉系、皖系與孫中山領導的南方政府聯合，遂支持重開舊國會，制定憲法。一方面迫使徐世昌去職，又可消除反對派護法主張的合法性。而吳氏恢復舊國會的主張，於五月得到蔡元培、梁啟超等人通電支持後更為積極。六月黎元洪重任大總統，召集舊國會。

　　此時，以曹錕為首的直系已經分裂，吳佩孚主張統一以後再推曹錕擔任大總統，而王承斌、曹銳等人則主張立即倒黎，擁曹錕繼任。曹錕亦欲早日當選總統，遂由王承斌等「津保派」主導，先行倒黎，繼而以賄選手段，加上動員脅迫，使曹錕選上大總統，並於民國十二年 (1923) 十月十日就職。

　　而曹錕賄選遭到輿論強烈的批評，也使吳佩孚的聲望嚴重受損，反直各方則積極聯合，希望一舉打倒直系領導的北京政府。

　　民國十三年 (1924) 九月以江浙戰爭開始，粵、奉雙方也發動攻勢，孫中山親自督師北伐，而張作霖亦於九月十五日出兵。九月十八日，第二次直奉戰爭正式開戰，雙方激戰之時，直系馮玉祥倒戈回師佔領北京，吳佩孚腹背受敵，由海路南撤，實力大損。

　　北京政府則由段祺瑞擔任臨時執政，暫時收拾殘局，而因為聯盟的關係邀請孫中山北上共商國是。不過，孫中山對於解決方案並不滿意，又因為肝病日趨嚴重，病逝北京。其後軍閥之間混戰不斷，直系孫傳芳取得東南五省，吳佩孚則藉著奉系與馮玉祥國民軍系的對抗，東山再起。國民軍系戰敗，退居西北。而直到國民革命軍北伐，才又有一番新的局面。

民國初年的制憲

　　民國二年四月八日，透過選舉產生的參議院、眾議院成立。七月一日，參議院、眾議院共同組織「憲法起草委員會」，七月十九日該委員會選擇以北京天壇祈年殿為會所。十月三十一日，委員會經過三讀通過了〈中華民國憲法草案〉，時人稱為「天壇憲法草案」（簡稱「天壇憲草」）。這部「天壇憲草」，也成為中華民國第一部正式的憲法草案。如前所述，袁世凱對於

此一憲法草案並不滿意。十一月四日先取消國民黨籍國會議員資格,使原定審查憲法草案的憲法會議不足法定人數,民國三年 (1914) 一月十日更違法下令停止所有國會議員的職務,使得「天壇憲草」根本無法進行審議。

　　此後,政局更迭頻仍,制憲工作並無太大進展。民國十二年六月曹錕逼退黎元洪,企圖拉攏舊國會議員。當時離京出走的議員多熱心制憲,曹錕便以「制憲為詞,以重賄為餌」,於十月五日以賄選手段當選大總統。另一方面,國會則旋即完成〈中華民國憲法草案〉(又稱「曹錕憲法」)的二讀、三讀程序,並於同年十月十日曹錕就職大總統日公布。這部「曹錕憲法」共 13 章 141 條條文,雖是中華民國第一部正式的憲法,不過由於曹錕賄選的行為備受各方批判,使得這部憲法又被稱為「賄選憲法」,未獲得各界的尊重。到了民國十三年第二次直奉戰爭,直系馮玉祥倒戈攻進北京,曹錕被迫宣布辭職後,此一憲法亦被廢棄。

習　題

一、立憲派在民國肇建之際,支持袁世凱的原因為何?試討論之。
二、北洋系實力軍人在護國軍之役中,採取何種行動?試申論之。
三、第一次直奉戰爭後,吳佩孚為何主張恢復舊國會?

第三節　社會、經濟與文化

新興知識分子角色

　　自清季派遣留學生出國,以及國內新式教育的推展,中國新式知識分子數量大增。廢除科舉考試以後,傳統士大夫求仕之途固然被封閉,新式知識分子參加政府也沒有一定的管道。結果,他們與傳統士大夫不同,除了政治舞臺之外,反而能在社會其他的部門扮演積極的角色,而發揮其影響力。

　　或者由於留學的經驗，或者由於他們活動的大城市資訊較為流通，他們對於新知的吸收、傳播頗有貢獻，同時對於列強對中國的各種非軍事的侵略亦頗為敏感。新知成為他們批判既存社會秩序及價值的利器，而對於列強行徑的敏感，又常常使他們成為愛國行動的宣傳者與行動者。自民國初年以降，新式知識分子固然不一定在政府部門擔任高級職務，但是透過輿論、運動，他們的影響力卻不容忽視。

經濟的發展

　　自清廷推動洋務運動以來，追求富強成為國家重要目標，而經濟也在求富的考量上有相當的建設。同時，由於洋商生意上的需要，大批的買辦也於焉形成，他們有的累積相當的資本及經驗後，便自己自立門戶，搖身一變成為民族資本家。

　　在第一次世界大戰期間，由於西方列強皆投身於戰局，對中國的輸出大幅減少，中國的民族工業遂有大幅的成長。其後列強在戰後恢復亦需一段時日，中國的產業發展乃有喘息之機。等到列強經濟力恢復後，中國民族工業雖然情勢轉趨不利，但是配合社會國家意識的覺醒，局面已然不同。

新式工商階層的出現

　　前述的經濟的發展，造就了一批新式的商人。而由於外資產業及本國產業生產上的需要，在城市中也出現為數不少的新興工人階層。透過新式商會、工會各種組織的運作，他們對於公共事務有一定的發言權，而且也介入公共事務領域。搭配前述的新式知識分子，自民國初年以降，以他們為主體的新興社會組織發揮了重要的影響力。

　　但是，新式工商階層與知識分子一樣大多居住在大城市之中，與傳統農業社會之間產生一定程度的疏離與落差。他們在城市活動所發揮的影響力，遠超過他們在農村或對農村的影響。

民國理念的衝突與矛盾

民國既已成立，人民成為國家的主人，而且基於民主的原則，人與人之間的平等成為理念中的「應然狀態」。但是，民國成立在歷史上則屬於政治體制層面的改造，社會習俗與民國理念相違背者，固然仍有力的運作著，甚至在政治層面，人民透過投票決定國家的基本方針及執政者，也常常只是「理想」而已。

此一現象的存在，遂引起文化、理念上的衝突，新式知識分子尤為不滿，對於傳統社會文化及價值規範則抱持懷疑，甚至強烈批判的立場。配合都市的發展，報刊雜誌的流通，新思想也得到發展的溫床。

學術自由的時代

不過，思想的傳播與發展，仍然需要一個較自由、開放的社會。北洋軍閥之中大抵思想老舊，也是舊社會的產物，他們之中固然不乏力主恢復傳統道德及價值者，但是他們對於學術、思想的領域，則大體上抱持尊重而不強力干涉的態度。

在此種政治環境下，民國初年的學術圈自由風氣極盛，特別是蔡元培主持的北京大學，更被視為學術自由的象徵。在大體尊重學術自由的環境下，民國初年的北京大學遂出現百家爭鳴的氣象。而透過社團活動及教師、學生創辦的刊物，大學校園的新思想又衝擊了外界的社會。特別是北京、上海等大都市，此一現象特別顯著。

新式文體的使用

傳播新知識，需要新的文字媒介，才更容易收效。晚清梁啟超在日本辦《新民叢報》時，採用文白相雜的文體，評論時政的意見容易傳達，頗為時人重視，稱為「新民體」。民國初年，胡適自美國返國於北京大學任教後，更積極推動白話文運動，並得到陳獨秀等人的支持。而且陳獨秀更以胡適的〈文學改良芻議〉為基礎，進而提出文學革命論。

圖20　胡適　　　圖21　陳獨秀創辦的《青年雜誌》於民國五年改名《新青年》

　　胡適及陳獨秀不單只是對於文體的使用提出見解，更對於文學的內涵注入新血。後來文學革命的發展，又產生強調以今文載今道，對社會既有現象抱持強烈批判立場的革命文學。

胡適的角色

　　對胡適而言，提倡文學改良，支持文學革命是其基本立場，而透過新的文體，原本他所期待的只是能傳播更多「啟蒙」的思想，而不投入現實政治。因此，他的文章便努力引進杜威哲學、易卜生主義等「啟蒙」內涵。而且早在民國初年，他對於女性可以脫離家庭的附屬地位，作為自己的主宰的主張，不但有所認識，也為文鼓吹。

　　但是，中國在民國初年內憂外患不斷，胡適想要離開政治進行社會、文化改革，實有其困難。民國八年 (1919) 巴黎和會中中國遭到嚴重挫折，五四（學生）愛國運動於焉展開，胡適及他的朋友，也不免捲入。而透過此一運動中白話文的廣泛使用，則使得胡適的文體改良理想，加速得到實踐。

圖 22 　五四運動

五四運動的兩個面相

　　由於愛國運動與新文化運動交雜，使得對五四運動的內涵，始終見解不一。基本上，在五月四日發生學生愛國運動以降的一連串罷工、罷市、罷課、遊行示威的行動，應該是屬於愛國運動的範疇。而從民國四年 (1915)《新青年》雜誌創刊，一連串鼓吹新思想、抨擊舊有價值的行動，則是新文化運動的展現。前者涵蓋時間較短，史學家有稱為「五四事件」者，而後者則涵蓋時間較長，稱為「五四新文化運動」。

　　由於學生愛國運動的衝擊，使得時人對於國家處境有更深刻的感受，此後學生運動便成為民國史上的常態，此起彼落，始終不斷。而新文化運動則在國際情勢的衝擊下，陳獨秀等人紛紛向左轉，影響了以後中國社會主義乃至共產主義的發展；胡適則堅持其原本的理念，抱持「啟蒙」的理想，以後成為中國自由主義的代言人。

五四運動後中國思潮的發展

　　無論如何，自洋務運動以來學習西方的思潮在五四運動以後，發生重大的轉折。一方面，由於西方列強在巴黎和會中的表現，使中國新式知識分子大多感受到西方列強所遵循的根本無「公理」可言，加上第一次世界

大戰嚴重的破壞，因此其中部分人士對於過去追求的西方文明內涵感到失望，轉而引進西方文明中與中國傳統思想能互相支持的精神內涵。而更大多數人則鑑於所謂西方文明破產的看法，加上 1917 年俄國大革命的衝擊，以及蘇聯建國之初對中國的頻頻示好，所以有左轉傾向。強烈者成為共產主義的支持者，對於蘇聯式的統治仍有疑懼者，則接受包括社會民主主義在內的各種社會主義。

相對於左傾思想高漲，自由主義或「啟蒙思想」對個人價值的追求，則相形之下力量大不如前。在強大的「救亡」壓力及需求下，「啟蒙」已然落居下風。雖然如此，在此時期思想有左傾味道的梁啟超及其追隨者，以及堅守自由主義思想陣營的胡適對於共產主義在中國的發展，皆感到疑懼而憂心。但是，在此一時期共產主義的思想雖然未為國人深入了解，其宣傳則較富吸引力，而有逐漸坐大的態勢。

社會風氣的轉變

而無論是「啟蒙思想」，或是左傾的思潮，對於中國傳統社會中不合理的成分，皆大力攻擊。特別是在新式知識分子、工商業人口較多的都市，新文化運動的推展，伴隨工商業發展以後，傳統社會逐漸轉型，使得一些傳統的社會制度和思想、習俗，失去其原有的存立基礎，使得新的價值觀較具有競爭力，甚至逐漸主導了社會風氣的轉變。

傳統社會的尊卑秩序、大家庭制度、小腳習俗、迷信及衛生保健觀念，皆受到強大的衝擊，在都市地區的影響力大不如前。民國初年文化的發展，確實使都市的文化走到了新的時代。

新式教育的推展

民國建立以後，新式教育在新的體制下成長更為快速。民國十一年 (1922)，以美國為藍圖的新學制頒布，小學修業六年，初中及高中兩級則各修業三年，大學修業四年，大學以上的研究院修業兩年。

新式教育的推展，使得新的知識更為流通，新式知識分子的人數也告

增加，為社會帶來新的活力。更值得注意的是，伴隨接受新式教育人數的增加，赴國外接受高等教育的人數亦為數不少。他們取得高學位，又留學歸來，在當時的社會頗受到重視，因此對社會的影響頗大。而由於留學的國家不同、派別不同，他們對於引進新知識也各有偏重，使中國社會在民國初年以降，即面對多元文化價值的衝擊。

習　題

一、五四運動的內涵有何不同的見解？試說明之。

二、五四運動以後中國思潮的發展，有何重大轉折？

第五章　北伐統一與八年抗戰

第一節　國民政府建立與北伐

中國國民黨的成立與改組

孫中山為了討袁，並建立以他個人領導為核心的革命勢力，成立了中華革命黨以後，如前所述，黃興、李烈鈞等革命元勳都因故未參加，使得原有的革命陣營產生分化，力量也不能集中。民國六年 (1917) 孫中山決定捨棄中華革命黨的名稱，再以國民黨改組通告各支部。民國八年 (1919) 五四運動發生，孫中山對於學生愛國運動有相當的感觸，對黨組織的改造更為積極。同年十月，孫中山再次發出通知，確定以中國國民黨為黨名，以示與民初的國民黨有所不同。

民國十一年 (1922)，支持孫中山領導的陳炯明，因為主張以聯省自治的方式解決所謂中國統一問題，反對武力統一的主張（不過仍擁戴孫氏擔任國家元首），而與孫中山武力北伐政策發生嚴重磨擦。當時，一些革命黨重要幹部雖也曾希望調停雙方，但是，雙方歧見已深，終至陳炯明所部於六月十六日砲轟觀音山，發動兵變。此一事件使孫中山更加意識到組織改組的迫切與重要，開始進行改組事宜，並指派丁惟汾等人負責草擬中國國民黨的改組計劃。次年一月一日，孫中山正式發表《中國國民黨改組宣言》。十月，他又指派包括中國共產黨跨黨黨員李大釗、譚平山在內的九人擔任臨時中央委員，並以蘇聯派來的鮑羅廷 (M. Borodin) 為顧問，準備召開全國代表大會，進行改組工作。

民國十三年 (1924) 一月二十日，中國國民黨第一次全國代表大會在廣

州召開，決定建立國民政府，以求在既有的北京中華民國政府之外，另建法統；發表具有時代意義的《全國代表大會宣言》，並完成黨的改組。

聯俄容共的背景

中國國民黨的改組過程中，聯俄容共政策的形成，是一個重要變數。它不但影響了改組的結果，而且對於其後中國現代史的發展，影響極為深遠。

1917 年俄國大革命，在列寧 (Nikolai Lenin) 主導下成立了蘇聯。但是，列強不但拒絕承認，而且更出兵協助白俄，希望能消滅共產黨政權。其後，蘇聯雖然擊敗來自內外對其政權的挑戰，國際情勢依然不利，因此也積極爭取國際的同情。

民國七年 (1918)，蘇聯宣布放棄帝俄在東北的掠奪品及在華特權，受到中國知識界的歡迎。次年，五四運動發生，加拉罕 (L. Karakhan) 乘機發表《對華宣言》，這對剛在巴黎和會遭遇嚴重挫折的中國而言，自然越發感覺友好。而蘇聯發表宣言的目的，則在於爭取中國的承認。

民國十年 (1921)，在蘇聯主導的第三國際運動下，原本左傾的陳獨秀、李大釗等人成立了中國共產黨，但成員不多，並不具備取得政權所需的實力。因此為了推動共產革命，蘇聯方面另外也曾與形象較為開明的吳佩孚等人接觸，但終告失敗。

當時孫中山在廣東組成的政府，為了革命的需要，也努力尋求列強的支持，不過成效不彰。民國十年的華盛頓會議，只承認北京的中華民國政府，列強拒絕南方政府派代表與會❶。當時積極表現對華親善的蘇聯，自然給孫中山相當深刻的印象。同年年底，第三國際代表馬林 (G. Maring) 會見孫中山，孫氏雖對共產主義有所保留，不過卻為後來的合作奠定良好的基礎。在孫中山先生的善意支持下，與共產黨關係密切的全國勞動大會及其他相類會議，才得以在廣州舉行。

---

❶ 至於結束一次大戰的巴黎和會，中華民國代表團則有北京和廣州兩個政權的代表共同與會。

此後，蘇聯一方面要求中共改變策略，積極為與中國國民黨的合作預做準備，一方面也積極與孫中山接觸。而孫中山衡量蘇聯的態度與國際現勢，也頗有善意的回應。前述民國十二年 (1923) 元旦發表的改組宣言中，曾如郭廷以所指出的，雖然與共產黨的主張仍有距離，卻已經具有反帝國主義和社會革命的意義。此後中共黨員也積極參加中國國民黨各級黨部的工作。同年一月二十六日，孫中山與蘇聯代表越飛 (A. Joffe) 發表《聯合公報》，即是中國國民黨公開其聯俄主張的行動。

一全大會的歷史意義

在中國國民黨第一次全國代表大會開會之前，大部分的中共黨員根據黨的決議，及孫中山與越飛等人的協商結果，民國十一年 (1922) 起即紛紛以個人身分加入中國國民黨。中共領導人陳獨秀更被孫中山邀請，參加中國國民黨的黨務改革工作。一全大會對此不僅加以追認，中共的黨員單單在中央執行委員中，即佔了四分之一。

而由廖仲愷、胡漢民、汪精衛、瞿秋白（中共黨員）及鮑羅廷等人起草的《一全大會宣言》中，以反抗帝國主義為中心，主張國民革命必須有農民、工人參加，才能取得最後勝利。在政綱方面，則對外力爭廢除不平等條約，對內則要求人民的自由平等權，力圖改善農民、工人生活。同時，並借重蘇聯的經驗，進行黨組織的改組。此時，中國國民黨的體制左傾的色彩十分明顯。

孫中山逝世與權力的轉移

民國十三年 (1924) 底，第二次直奉戰爭的結果，以曹錕、吳佩孚為核心的直系主力，因為馮玉祥的倒戈，遭到嚴重的挫敗。孫中山則應段祺瑞、馮玉祥等人之邀，北上商討善後事宜，旋病逝北京。

其後，中國國民黨內部以胡漢民、汪精衛、廖仲愷等人為核心，組成了過渡時期的領導班底。而他們之間的互動關係，也影響了以後中國國民黨內部權力的轉移，最後以黃埔軍校作為基礎的蔣中正，先取得軍事的領

導權，而後成為中國國民黨最具實力的領導人。

東征與兩廣內部的整頓

早在孫中山北上以後，東江的陳炯明所部乘機意圖重回廣州。當時黃埔軍校第一、二期學生加上教導團成員已有數千人，即是所謂的黃埔軍校的校軍。因此，實際上即以許崇智所部的粵軍與校軍作為主力，由蔣中正校長擔任前敵總指揮，擊敗陳炯明手下洪兆麟等部。至於劉震寰的桂軍及楊希閔的滇軍則不僅未依計劃投入戰局，反而與陳炯明方面有所勾結。

孫中山逝世以後，楊、劉兩人不服命令的現象更為明顯，因此，代理大元帥的胡漢民遂下令討伐，以武力加以解決。民國十四年 (1925) 七月一日，國民政府正式在廣州成立，所轄的軍隊則改編為國民革命軍，分為六個軍，黃埔校軍是第一軍的主體。九月，蔣中正軍長擔任東征軍總指揮，十月解決東江陳炯明所部的粵軍。

其後，廣東各地未納編的武力，亦陸續被國民革命軍消滅。而廣西的李宗仁、黃紹竑、白崇禧亦完成對廣西敵對武力的肅清，其部隊亦整編為國民革命軍第七軍。

革命陣營的分裂

國民政府剛成立，八月廖仲愷被暗殺，隨即引發一連串的政爭。首先，由於胡漢民的堂弟胡毅生在廖案涉有重嫌，胡氏因而被拘禁在黃埔，粵軍將領被拘捕者亦有數十人。而因為此一事件，由汪精衛、許崇智、蔣中正組成特別委員會，蔣中正開始進入中國國民黨的決策圈。

九月十七日，軍事委員會通過蔣中正的提議，將粵軍縮編，由蔣氏全權負責。粵軍首領許崇智隨即被迫離粵，而胡漢民亦被派往蘇聯。此後，蔣中正成為國民政府軍事部門的領導者。

十一月下旬離開廣東的中國國民黨反共領袖，包括張繼、林森、居正、鄒魯等人在北京西山孫中山靈前，召開中央執行委員會，後來並在上海設立中央黨部，史稱西山會議派，中國國民黨正式分裂。

民國十五年 (1926) 三月十九日，蔣中正認為中山艦行動有異常的現象，懷疑有挾持其至蘇聯的企圖。次日，蔣中正斷然下令戒嚴，逮捕代理海軍局長兼中山艦艦長李之龍及國民革命軍各軍的黨代表，是為中山艦事件。其後，蔣中正對於中山艦的行動有所了解，原本被捕的李之龍等人被釋放，反共的吳鐵城等人則失去原有的職權。

時任國民政府主席的汪精衛，不滿蔣中正發動中山艦事件，因此隨即便稱病請假，暫時退出權力核心。至此，蔣中正成為廣東最重要的實際領導者。

北伐前的局勢與北伐的展開

在北伐之前，北洋軍閥中以奉系張作霖、新直系孫傳芳及直系吳佩孚三人最具實力。張氏據有東北及河北、山東；孫傳芳則控有江蘇、浙江等東南五省；至於東山再起的吳佩孚，則以兩湖、河南、陝西為勢力範圍，但所部最精銳的北洋第三師，由於在第二次直奉戰爭中潰散，實力並不如前。而直到國民革命軍開始北伐，吳佩孚的主力仍在北方進攻於第二次直奉戰爭倒戈的馮玉祥部隊，未積極針對國民革命軍進行部署。

而北伐的發動，則以湘軍師長唐生智投向國民革命陣營之舉為導火線。六月二日，唐生智就任國民革命軍第八軍軍長兼前敵總指揮。李濟琛所部的第四軍及李宗仁的第七軍則分途北進協助唐部，未待正式宣布，北伐的軍事行動已經展開。六月五日，中國國民黨中央執行委員會任命蔣中正為國民革命軍總司令。七月九日，蔣氏正式誓師北伐。

北伐吳佩孚的戰役，以第四、七、八軍為主力，待國民革命軍攻進湖北，吳佩孚才緊急率主力南下。八月下旬，雙方於汀泗橋、賀勝橋發生激戰多日，國民革命軍才告獲勝，吳佩孚至此一蹶不振。而孫傳芳在國民革命軍「打倒吳佩孚，聯絡孫傳芳，不理張作霖」的口號下，則先抱持坐收漁人之利的觀望態度。

國民革命軍擊敗吳佩孚後，正式進兵江西與孫傳芳開戰。戰況慘烈不下於兩湖，單單南昌一地即發生三次激烈的攻防戰，孫傳芳所部受到重創，

國民革命軍才控制江西。其後孫傳芳所部在福建、浙江作戰亦告失利，包括陳儀等人投向國民革命陣營，孫氏雖向張作霖求援，國民革命軍仍然順利底定東南。

寧漢分裂

國民革命軍北伐以後，共黨乘機在黨、政、軍擴張其影響力。武漢克復後，蔣總司令主張國民政府及中央黨部遷往，但是卻直到其率軍至江西作戰後，在鮑羅廷主導下，十二月在武漢舉行國民政府及中央黨部合組的「聯席會議」，掌握大權。面對此一發展，蔣中正表示國民政府及中央黨部暫留南昌。

而後經過國民政府主席譚延闓調停，國民政府及中央黨部正式遷往武漢，民國十六年 (1927) 三月，並在漢口召開二屆三中全會。但是，情勢並未因此緩和，寧漢雙方的關係反而更趨緊張，尤其是上海收復前後，來自武漢方面國民政府的指令與蔣總司令的主張更是難以配合。

四月十二日，蔣總司令下令以武力解除上海工人糾察隊的武裝，清黨工作正式展開。十八日，胡漢民出任南京國民政府主席，寧漢雙方對立加劇。雖然武漢方面下令東征，但是因為中共希望主導革命發展的意圖亦逐漸明顯，因此也有「分共」之舉。

最後，寧漢雙方在成立中央特別委員會及成立新的國民政府後，蔣中正、汪精衛、胡漢民皆暫時退出政治核心。民國十七年 (1928) 一月，原為解決分裂之局下野的蔣中正復任國民革命軍總司令。二月，中國國民黨召開二屆四中全會，完成形式上的復合。

北伐的完成

同時，國民革命軍正式改編為四個集團軍，分別由蔣中正、馮玉祥、閻錫山、李宗仁出任集團軍總司令，而在蔣總司令領導下進行北伐。五月初，奉軍所轄的直魯軍戰敗，為避免遭國民革命軍圍殲，遂全線退出山東。而日本不願中國統一，遂以護僑為名，四月中即出兵山東，五月三日更發

動濟南事件。

　　國民革命軍以北伐為念，為免日方阻撓，遂繞道進兵。張作霖在保定失守以後，以避免「同室操戈，喋血京畿」為由，不願再以主力與國民革命軍對決，而不顧日本方面的勸阻，毅然從北京出關。

　　五月三十日，奉軍自關內展開總撤退，六月八日，國民革命軍和平進入北京，十一日進入天津。國民政府下令直隸省改為河北省，北京則易名北平，原本在北京的中華民國政府走入歷史，由南京國民政府取而代之。

　　而日本軍方則在皇姑屯以地雷炸死張作霖，企圖製造東北混亂。張作霖之子張學良先解決奉系內部的親日力量，安定內部，而後再與國民政府接洽，於十二月底宣布東北及熱河服從國民政府，卸下民國成立以來的國旗——五色旗，改懸國民政府制定的青天白日滿地紅旗。北伐至此告一段落，中國分裂之局在形式上宣告統一。

習　題

一、民國十一年，陳炯明在政策主張上，與孫中山為何發生磨擦？
二、中山艦事件發生的原因為何？對於革命陣營的領導階層又造成何種影響？
三、日本暗殺張作霖的動機為何？又造成何種影響？

第二節　十年建設

十年建設的歷史環境

　　所謂的十年建設，指的是北伐完成以後，至民國二十六年 (1937) 抗戰爆發為止的十年之間，在國民政府訓政之下，所展開的建設成果，因此有的史家稱為「黃金十年」。

　　但是，在這段期間除了中國共產黨在內部不斷擴張勢力之外，地方各

省也常常脫離中央的節制，形成分裂甚至兵戎相見之局。而外力的侵略也日益嚴重，以日本軍國主義為主，不斷地直接以武裝部隊進行赤裸裸的侵略，擴張其在華勢力。故而有的研究者便稱此為「艱苦奮鬥的十年」。

北伐後的裁軍與決裂

民國十七年 (1928) 國民革命軍克復北京以後，蔣總司令即倡議裁軍。當時由於在北伐過程中的招降納叛，部隊擴編，全中國兵力達到二百三十萬，較北伐前增加近一百萬，國家的財源幾乎完全必須應付軍費的需求，根本無力投入建設，因此裁軍乃屬勢在必行。

但是，蔣中正主導編遣會議的決議，除裁軍外卻另外要設立屬於中央的二十萬憲兵部隊，以強化他的軍事實力。本來第一集團軍約有五十萬人，第二集團軍約有四十萬人，第三、第四集團軍則約有二十萬人。裁軍的結果馮玉祥的兵力減至與閻錫山所部相等，而中央政府直轄的憲兵加上第一集團軍總兵力則與其他三個集團軍總數相等，故引起反彈。其中馮玉祥所部在北方的作戰固然戰功最大，卻僅得一個不完整的山東省，而軍隊又將裁去近半，因此，提出「裁無功，留有功」的意見，但未被蔣中正主導的會議接受。李宗仁、李濟琛對此結果亦不滿意。

內戰此起彼落

民國十八年 (1929) 二月，桂系李宗仁主掌的武漢政治分會撤換服從中央的湖南省主席魯滌平，並出兵攻擊親中央的軍隊。國民政府蔣中正主席遂於三月派軍發動攻勢，同時利用政治手段，使桂系先陷於孤立，再拉攏桂系內部失勢的俞作柏等人。最後在優勢的兵力下，順利解決第四集團軍的反叛。

同年三月，國民政府因為不願意馮玉祥控制整個山東，因此另行派兵接收濰縣以東，不允許山東省主席孫良誠接收膠濟鐵路及青島。馮玉祥不滿加劇，遂決定以武力相向。國民政府則先以政治手段，使馮系韓復榘、石友三宣布服從中央，繼而以武力壓制不服從的宋哲元、孫良誠部。

而在馮玉祥的第二集團軍反叛之時，在北伐汀泗橋之役著有戰功的張發奎，又先後與桂系俞作柏及李宗仁、白崇禧合作反對中央，中央軍雖暫時加以壓制，問題仍未解決。

除了這些反叛行動外，唐生智也曾與石友三相互呼應，通電反對中央，直到民國十九年 (1930) 初，在國民政府軍隊的攻擊下，兩人才又宣告歸順中央。

中原大戰

國民政府蔣中正主席雖然運用軍事及政治手段，壓制了此起彼落的軍事反叛行動，但是更大規模的軍事、政治對抗行動則從民國十九年 (1930) 二月開始展開。

這一次的行動，在軍事系統方面閻錫山系、馮玉祥系及李宗仁系，再結合親汪精衛的張發奎等部，一致對抗中央。而在黨務方面，則反共的西山會議派結合汪精衛領導的改組派，質疑南京的中國國民黨中央黨部的正統性和合法性。

結果，四月一日閻錫山先在軍事上就任中華民國海陸軍總司令，蔣主席則在五月一日誓師討伐。繼而黨部部分則於七月十三日在北平召開擴大會議，批評南京國民政府，要求將整個的黨還給黨員，而統一的國家則必須還給國民。九月一日，北平的國民政府宣告成立，在黨、政、軍三方面與南京中央全面對抗。

此一大規模的軍事對抗中，雙方動員一百多萬人，傷亡則達二十五萬人左右，人民生命財產的損失更不計其數。最後，南京中央策動張學良於九月中率東北軍進入山海關，原本戰事已趨不利的北平國民政府遂告結束。此次所造成的損失，是民國成立以後最嚴重的一次，而東北軍入關更使東北的兵力出現空虛，埋下以後東北淪陷的原因之一。

制定約法與湯山事件

擴大會議在軍事上雖然失敗，但是其政治訴求包括召開國民會議，制

定約法，則頗受輿論歡迎，也符合孫中山的遺教。

因此，十月三日蔣主席遂在開封通電主張召開國民會議，制定約法。由於這是汪精衛及擴大會議的訴求，蔣主席的主張又在未事先得到南京中央支持的狀況下提出，爭端又起。由於南京中央不通過蔣中正提出召開國民會議並制定約法的政策，引發蔣的不滿。最後，在蔣中正的主導下，反對此政策最力的胡漢民於民國二十年（1931年）二月失去職務及自由，被幽禁在南京的湯山。

胡漢民在類似政變的狀況下遭到拘禁，造成廣東及廣西聯合反對中央，另組中央黨部和國民政府。適逢九一八事變發生，蔣中正下野，孫科率十九路軍北上，擔任行政院長，危機才暫告解決。

兩廣事變及後續發展

民國二十五年 (1936) 胡漢民去世，陳濟棠、李宗仁再度通電反對中央，並宣告出兵北上。而後，由於面對中央軍強勢的兵力，廣東的空軍又歸順中央，此一事件形式上告一段落。

但是，事實上直到抗戰發生之前，兩廣仍然處於半獨立狀態。從民國十七年北伐成功以後，將近十年的時間，單單中國國民黨內部，即處於持續的分裂狀態，內部的整合及統一都面對考驗。

「訓政體制」的成立

北伐告一段落後，以軍事行動完成中國統一的國民黨，在理論上依〈總理遺教〉作為建設國家政治體制的依據。孫中山的基本觀點是，中國國民缺乏知識與政治能力，因此必須創造一個「過渡時期為之補救」，「行約法之治以訓導人民」，強調國民必須在具備一定的條件後，才能採行西方的民主體制。國民黨即依之為據，創制立法，建立起「訓政體制」。

「訓政」的觀點早在民國十四年 (1925) 制定《國民政府組織法》時，即落實於政府體制設計中。根據《國民政府組織法》，「國民政府受中國國民黨的監督指導，掌理全國政務」。民國十七年 (1928) 十月三日，國民黨中

央通過《訓政綱領》，規定「中華民國於訓政期間，由中國國民黨全國代表大會代表國民大會領導國民，行使政權」，「中國國民黨全國代表大會閉會時，以政權託付中國國民黨中央執行委員會執行之」，「指導監督國民政府重大國務之施行，由中國國民黨中央執行委員會政治會議行之」；民國十八年 (1929) 三月二十一日，國民黨第三次全國代表大會通過〈確定訓政時期黨政府人民行使政權治權之分際及方略案〉，劃分黨、政府與人民的權限及實現方略，規定「中華民國人民，須服從擁護中國國民黨，誓行三民主義，接受四權使用之訓練，努力地方自治之完成，始得享受中華民國國民之權利」，還規定國民黨最高權力機關，「於必要時，得就人民之集會、結社、言論、出版等自由權，在法律範圍內加以限制」。民國十八年六月，國民黨中央執行委員會三屆二中全會決議，訓政期限為六年，擬於民國二十四年 (1935) 結束，然而這項決議於民國二十四年屆滿時，並未落實。

　　雖然「訓政體制」的政治與法律架構已基本建立起來，但是無法得到廣泛的支持，國民黨第三次全國代表大會決議以〈總理遺教〉作為「訓政時期中華民國最高之根本法」，頗受各界非議。此一體制不僅與民主憲政的原則大相逕庭，也與孫中山明白主張的訓政時期法制有相當出入，包括部份國民黨的元老在內，也紛紛表達批評之意。前述汪精衛及擴大會議的政治訴求即為一例。

　　最後，在蔣中正主導下，南京國民政府在民國二十年 (1931) 五月召開「國民會議」，會中通過《中華民國訓政時期約法》，為「訓政體制」建立進一步的政治特色與法律基礎。然而其內容不僅維持「以黨治國」的實質，「人治」的色彩也相當濃厚，往往連「依法行政」都無法落實，更遑論「法治」(rule of law) 了。至於制度為領導者量身而變動的狀況，連根本大法也無法避免。「約法」制定不到一年，時任國民政府主席的蔣中正因為九一八事變再度下野。而因應此一人事變動，國民黨當局修改《國民政府組織法》，使民政府主席從權力核心成為虛位國家元首，直接牴觸了「訓政時期約法」有關政府體制的規定。

對國民政府「訓政體制」的批評

不論國民政府「訓政體制」依據的理論為何，究其實質，乃是一個由單獨一黨壟斷政治權力的政治體制。亦且，「訓政體制」依據的理論是孫中山的學說，他的學說是否為放諸四海皆準的真理，頗有商榷餘地，胡適就說：「上帝我們尚且可以批評，何況國民黨與孫中山？」而國民政府亦藉由法律鞏固其權力，及試圖建立其政治主張壟斷未來政治發展的合法性，打壓政治異議分子，箝制言論自由，壓制不同政治主張。如民國十七年三月公布《暫行反革命治罪法》，規定「宣傳與三民主義不相容之主義及不利於國民革命之主張者，處二等至四等有期徒刑」，以強力限制言論自由與政治自由。一般堅持民主立場的知識分子、與國民政府主張不同的政治人物，對這樣的政治體制及其作為，曾嚴詞批判。而在「約法」制定前，知識分子及其他黨派頗多要求必須制定根本大法（「憲法」、「約法」）、保障人權；「約法」制定後，則多要求保障人權，實施憲政。

知識分子方面，如胡適即曾抨擊國民黨內部某一提案：凡中國國民黨黨部以書面證明為「反革命」的人，司法機關必須以「反革命罪」處其罪刑。對於這個明顯以政黨力量干涉司法、與人權理念大相衝突的提案，胡適除撰文批評外，並想通過新聞媒介，向社會傳達他的抗議聲音。但在國民黨當局強力壓制下，他發出去的抗議稿件竟被扣留，不准發布。胡適也和倫敦政經學院政治學博士羅隆基等人在《新月》雜誌撰文，對「訓政體制」與「人權」問題，多所議論，結果《新月》因此被扣留在郵局，無法外寄。可以想見，「訓政體制」下的知識分子雖然有不同的意見，但未必能掌握向社會大眾傳播意見的管道，言論自由受到一定程度的限制。

知識分子關心國是，提筆撰文，自身未必即欲涉足政壇。政治人物則不同，他們提出政見，致力於政治實踐，企盼能創造理想的政治體制。當時活躍的政治人物眾多，各有主張與立場。民國十二年 (1923) 成立的中國青年黨，向來主張「國家主義」，除了不斷申言反對「荒謬的共產主義」，堅決反共外，也喊出「打倒一黨專政的中國國民黨」的口號，批評「訓政

體制」。又如以鄧演達為首的「第三黨」（原稱為中華革命黨，民國十七年春成立，後改稱中國國民黨臨時行動委員會），主張實行「平民革命」，建立「平民政權」。此外，張君勱亦結合孫東蓀等人，於民國二十一年 (1932) 在北平發起籌備「中國國家社會黨」，批評在國民黨一黨專政下，應該統一的軍政、中央行政「不能統一，不知所以統一」，對於思想言論與政治主張，「不應統一，不能統一，而硬欲統一」，此外，更進一步地主張「集中心力之國家民主政治」。而張君勱與李璜合作的《新路》雜誌，創刊於民國十七年北伐完成之前，更是此時強力批判「一黨訓政」的代表性政論雜誌之一。

　　綜合而論，對「訓政體制」的批評，一方面顯示了人們對民主、法治、人權等理念的共同關懷，深化了中國民主思想的深度，一方面則能啟蒙群眾、爭取國民、參與政治，在當時的時空背景下實具有重要的意義。而國民黨當局則以掌握的國家權力壓制反對力量，查禁、沒收對其不滿的言論、刊物。

中共的坐大與剿共

　　相較於知識分子的為文批評，或是組黨試圖實踐理想，中國共產黨則是採取武力對抗的路線。中共在北伐期間，面對中國國民黨的清黨與分共，又為謀擴大自我勢力，遂到處擴張，以武力建立所謂的蘇區 ❷。中國國民黨內部的分裂及武裝對抗，加上外患不斷，使其得到進一步擴張的良機。

　　南京的國民政府面對中共勢力的擴大，則先後對江西蘇區發動五次圍剿。民國二十三年 (1934) 初，國軍以碉堡政策，逐步向前進逼，進行封鎖。中共反封鎖的戰術則告失敗，最後選擇突圍，踏上其所謂長征之途。

---

❷　蘇區：主要意指中共革命過程中建立「蘇維埃政權」的區域。1927 年十一月七日「海陸豐暴動」時建立了第一個蘇維埃政權；及後，中共六大通過「蘇維埃政權的組織問題決議案」(1928 年七月)，各地區共軍紛紛建立蘇維埃政權，其中以毛澤東與朱德建立之贛閩蘇區為最大，力量最強，號稱「中央蘇區」，此外另有鄂豫皖蘇區、川陝蘇區等，成為中共革命的基地。國府屢經圍剿，漸次掃蕩，其中中央蘇區於 1934 年十月瓦解，共軍西竄，展開「長征」。參考書目：曹伯一，《江西蘇維埃之建立及其崩潰》；王健民，《中國共產黨史》（第二編，江西時期）。

在追剿的過程中，由於各地實力軍人多心存觀望，遂讓中共的紅軍得以流竄至陝北。最後，國民政府則命令張學良在陝西負責剿共的工作。在途中，中共於民國二十四年 (1935) 召開遵義會議，會中周恩來被批評戰略不當交出軍權，毛澤東則由此逐漸建立其領導地位。

蘇聯的侵略

北伐完成以後，蘇聯即積極圖謀介入東北及新疆。民國十八年 (1929)，蘇聯即欲完全掌控中東鐵路，其駐東北外交人員並涉及介入中國內政。張學良因此強制接管中東鐵路，逮捕涉案的俄僑。

蘇聯則先於七月十七日宣布對中國斷交，展開邊境的騷擾行動，進而分兩路進兵，東路佔領同江、富錦，西路則攻陷札蘭諾爾及滿洲里。其後因怕過份刺激日本，未有進一步的軍事行動。這也是國民政府北伐完成後，第一次面對外國的武裝侵略。

而在新疆方面，蘇聯則從民國二十年 (1931) 起，先後與金樹仁、盛世才締結協定，並協助新疆當局對抗以甘肅馬仲英為首的回族軍隊。最後到民國二十五年 (1936) 初，蘇聯甚至與盛世才締結具有同盟性質的軍事協定，中國主權嚴重受損，而蘇聯則在新疆擁有實際的控制權。

九一八事變

日本對於東北夙有領土野心，中、蘇中東鐵路之爭起，關東軍參謀坂垣征四郎大佐、石原莞尔中佐即力主佔領滿蒙，被日本政府制止。民國二十年 (1931) 七月，藉口萬寶山韓僑與農民的衝突，以及日本間諜中村被殺，關東軍的態度更為積極。日本昭和天皇雖曾特別下詔要求整飭關東軍軍紀，坂垣、石原等佐（校）級參謀則仍然決定發動事變。九月十八日關東軍自行炸毀柳條溝的鐵軌，並以此為由出兵瀋陽北大營，九一八事變發生。

中國方面以準備尚未完成，以及政策的考量，未考慮武力對抗，而決定向國際聯盟請求國際介入，日本內閣亦請天皇制止事變擴大。但是，關東軍卻聲稱如果天皇強行約束行動，將在滿洲獨立。至此，日本文人政府固已無

法有效約束軍隊，甚至連高級將領亦難以完全掌握中下級軍官的行動。

中國東北各地的官員或義勇軍雖曾主動抵抗，九月底國際聯盟也曾要求日本退兵，日本仍挾其軍事的優勢繼續擴張，並於次年初佔領整個東北，進而扶植遜清宣統帝溥儀在東北建立「滿洲國」。

日本進一步的侵略

日本軍方在九一八事變以降的行動，並未遭到國內外的有力約制，中國方面又無有力抵抗，遂進一步於民國二十一年 (1932) 發動上海一二八事件。而此次南京國民政府則與處理九一八事變的態度不同，十九路軍等部隊亦積極抵抗。日軍屢攻上海不下，又遭受國際壓力，遂與中國簽訂《淞滬停戰協定》，退出上海。

次年，日本關東軍又出兵佔領熱河，進而發動長城戰役。宋哲元等部雖然奮力抵抗，日軍仍然兵進山海關，威脅平、津地區。國民政府為了爭取時間，遂與日本簽訂《塘沽協定》，而日本侵略的步伐則已跨入河北，並積極圖謀控制華北，直到盧溝橋事變發生，中日戰爭遂告爆發。

政治建設

如前所述，北伐完成以後，中國的政治除了中共的武裝叛亂之外，大體上是「一黨訓政」的格局。中國國民黨是唯一合法公開活動的政黨，也是政權正當性的來源。

中原大戰以後，雖然制定「約法」作為國家根本大法，但是民國二十年 (1931) 底修正的《國民政府組織法》卻完全改變「約法」對政府體制的規定，使國民政府主席成為虛位元首。雖然如此，政治的建設仍然有所進展，其中民國二十五年 (1936) 五月五日公布的「五五憲草」，代表國民政府朝向憲政時期發展的意圖。至於此時為了制憲選舉的一千多名制憲國民大會代表，雖然未能如計劃集會、制憲，仍成為抗戰以後制憲國大的主力。

除此之外，此一期間對於中國整個主要法律體系及內涵的建樹，更奠定以後法律體系的基礎，影響更為深遠。

財經建設

同一時期財經建設的成果更為明顯，先是民國二十二年 (1933) 實施廢兩改元政策，確立銀本位制。這固然是一大步，卻與當時國際通行金本位的體制不合，衍生不少問題。因此，二年後由中央、中國、交通、農民四銀行發行法幣，改為外匯本位。而在國際金融體系的運作下，實已朝金本位制改變。而統一貨幣，對於中國內部經濟的整合，乃至中央政府對於貨幣的控制，更是一大助力。

至於經濟發展所需的基礎部分，交通的建設最為明顯，粵漢、浙贛、隴海鐵路一一完成，更完成全國的公路網，修路達十萬多公里。而航空、水運、郵政、電信等廣義的交通建設，亦頗有可觀之處。而在十年建設期間，工業的年平均成長率更超過 8%。

社會建設

在十年建設期間，國民政府並未積極推動土地改革，孫中山的耕者有其田理想也未能實現。對於無法推動土地改革政策，蔣夢麟便指出是因為國民黨當局與地主關係密切所致。不過，民生主義理想的社會立法，在此時期則有明顯的成果，政府在法律規範層面對勞工保護的努力，頗值得注意。

而民國二十三年 (1934) 蔣中正委員長在南昌發起的新生活運動，則具有國民精神總動員的性質。他試圖以傳統的禮、義、廉、恥作為國民道德的基礎，並希望賦予其新的內涵。就新生活運動而言，一方面，透過運動的開展建立道德基礎的工作有一定成效，另一方面運動的內涵則又意味著國家機器所欲傳播的價值，富有傳統色彩，這與五四新文化運動以來的啟蒙思想，並不相契，對自由民主思想的發展，也沒有助益。

其他建設

在教育學術方面，民國十七年 (1928) 中央研究院設立，民國二十三年 (1934) 研究所教育的推廣，對於學術研究及學術人才的培養，皆有一定成

效。中等以下學校在量的急速擴張，更使得學生數有將近五倍的成長。值得注意的是，講求實用的教育政策，固然使技職教育急速成長，而大學教育中人文學科的比重則急速下降，實用科學的比重則相對大幅增加。

其他在軍事、國防建設，以及外交利權的爭取方面，也有一定程度的成果。前者在八年抗戰期間發揮其成效，後者則待抗戰期間不平等條約的廢除，而有根本性的改變。

習 題

一、北伐以後的裁軍，本屬必行之舉，為何卻造成革命陣營的分裂？
二、中原大戰結束後，兩廣卻宣布脫離中央，其原因為何？試討論之。
三、在十年建設期間，政府對推動制憲，有何具體成果？

第三節 八年抗戰

西安事變及其影響

中共竄抵陝北後，民國二十四年 (1935) 張學良及其所部的東北軍成為剿共的主力。但是，東北軍因為日本佔領東北，以及因為東北淪陷以後的待遇與中央軍有別，國仇家恨之餘，對中共抗日的宣傳，頗有所感。

而中共則自同年發表《八一宣言》，強調抗日救國，以爭取同情，所謂抗日成為其宣傳的主調。次年四、五月間，中共更發布《共赴國難宣言》和《一致抗日宣言》。這對於東北軍軍心固然頗有影響，對本有左傾意向的楊虎城的影響更不待言。其後中共更加緊對東北軍展開行動，張學良本人亦告動搖。

同年十月底，蔣中正委員長至西安安撫軍心，十二月十二日，張學良、楊虎城則發動西安事變，挾持蔣中正，引起中外震驚。連史達林得知以後，基於戰略利益考量，都向中共明白表達不支持的立場。而在蔣宋美齡等人

的奔走，及全國各界的指責下，張學良不僅決定釋放蔣委員長，更不聽左右的勸阻，親送蔣回南京，此後張氏便失去自由，退出政治舞臺。而透過此一事件，蔣委員長的領袖地位則得到強化。此後，政府的政策便告改變，剿共行動中止，中共的壓力亦暫告解除，全民對日抗戰的呼聲日益高昂。

七七事變

民國二十六年 (1937) 七月七日，日軍藉口在盧溝橋附近演習時失蹤一名士兵，要求進入宛平縣城搜查，被守軍拒絕。遂於次日凌晨發動攻擊，被守軍吉星文團擊退，是為盧溝橋事變。七月十七日，蔣委員長在盧山發表談話，宣示必要時抗戰到底的決心 ❸。

而宋哲元本來希望和平解決，但是日軍大量入關，且佔領平、津附近的戰略要地，戰爭已難避免。七月底，中國軍隊退出平、津。

淞滬戰役

日軍佔領平、津以後，中國仍不屈服，因此，有意將戰場轉移至華東，希望利用地形及國防線能阻止日軍前進。而日本也希望在華東開闢第二戰場，藉此向國民政府施壓，因此八月十三日遂在上海展開戰鬥。結果日方固然一再增援，國民政府也投入德國協助訓練的精銳兵力，直到十一月九日才退出上海。由於作戰時間達三個月，日本「三月亡華」的口號，遂告破滅。

國軍的精銳部隊在上海固然損失慘重，但是抵抗三個月的例證，卻提振了抗戰的士氣，爭取物資轉運的時間，也使國際重新評估中國的戰力。

南京大屠殺

上海淪陷後，國民政府遷都重慶，宣示長期抗戰的決心，而政軍中心則在武漢。十二月，日軍攻下南京，竟然縱容軍隊軍紀廢弛，在南京城內肆行

---

❸ 在歷史上，往往認為這是中日戰爭的開端，但雙方並未宣戰，直到 1941 年日本偷襲珍珠港之後，12 月 9 日國民政府才對日、德、義正式宣戰。

搶掠、屠殺、姦淫、破壞。雖然確切受害的軍民數，仍有爭議，但是，日軍在南京對無抵抗能力的平民進行大屠殺等不人道行動，則是歷史的事實。

日本佔領南京後，國民政府並沒有就此屈服，抗戰仍然持續。而日方的作為更激發中國人的仇恨感，使抗日的情緒產生加強的效果。就此而言，南京大屠殺對於日本的侵華戰爭而言，除了留下歷史的污點之外，並無重要的效果。這與日方認為佔領平、津或佔領首都，國民政府便會放棄抵抗而妥協的想法，相距十分遙遠。

抗戰的階段發展

就八年抗戰的歷史來看，從七七事變一直到民國二十七年 (1938) 十月武漢失守，大體上是日本軍事的得勢時期。而從武漢失守到民國三十年 (1941) 十二月太平洋戰爭爆發為止，由於戰線拉長，加上淪陷區內，日軍往往只能控制點與線，使得日軍的軍事優勢面對考驗，呈現對峙之局。太平洋戰爭爆發後，原本中國對日抗戰，一變而為世界大戰的一環，戰爭的性質丕變，而外來的援助，也成為影響戰爭未來發展的重要因素。

而縱使在日本軍事的得勢時期，國軍也不無佳作表現，民國二十七年 (1938) 三月底爆發的臺兒莊之役，即是對日抗戰以來，日本軍隊第一次遭到重大的挫折。而在進入對峙之局的階段，日軍進展有限，且又必須面對淪陷區的游擊隊，優勢逐漸喪失。但是，日軍仍試圖持續發動攻勢。因此，在最後階段，國際情勢雖對中國已轉趨有利，但是日軍最後的進攻，卻造成前所未有的威脅。民國三十三年 (1944)，日軍由湖南進入廣西，進而佔領貴州獨山。中國抗戰基地四川，亦告震動。幸好日軍已成強弩之末，國軍乘機反攻。最後，日本在原子彈的威力下，宣布無條件投降，八年抗戰便告結束。

抗戰期間的團結

民國二十七年 (1938) 三月，中國國民黨為了抗戰的需要，在武漢舉行臨時全國代表大會，以決定國家基本政策。其中《抗戰建國綱領》的頒布，

除了揭示抗戰與建國的關係之外，更促成抗戰期間的團結。

就在《抗戰建國綱領》提出後，原本執政黨堅持「黨外無黨」的狀況發生改變。先是國家社會黨領導人張君勱，與中國國民黨蔣中正總裁互換函件，除了表示對抗戰建國方向的肯定外，這也被視為中國國民黨承認所謂「異黨」合法化的開端，其後青年黨代表左舜生亦做同樣的表示。甚至中共，也以間接的方式表示認可。

同年六月，國民參政會成立，各黨各派及社會賢達的代表齊聚一堂，雖無實際政治權力，但單單成員中中國國民黨黨員未佔一半，即是訓政時期所罕見，這也具有全民團結的象徵意義。

新四軍事件

相對於全民團結的表現，國、共兩黨的互信感則實際上相當有限，而且衝突不斷。抗戰開始，中共軍隊雖改編成國軍，但其實仍然保持其原有的指揮系統，雙方武力本質上並未整合。

而由於中共軍隊在抗日的旗幟下，對於組織本身的發展列為第一優位，如此一旦發生利益衝突，或是爭奪地盤，與政府軍武力相向也不意外。在抗戰期間，新四軍事件即是最嚴重的事件之一。

由於抱持「七分發展，兩分應付，一分抗日」的態度，民國二十八年(1939) 中央命令南方的中共新四軍調防黃河以北，便遭新四軍抗命，而且新四軍反而更加強在江蘇的發展。民國三十年 (1941) 初，新四軍與國軍部隊的衝突，演變成軍事對抗。由於第四十師遭到新四軍攻擊，第三戰區顧祝同遂調動軍隊解決新四軍，而造成所謂的新四軍事件。

民主政團同盟的成立

由於新四軍事件的發生，使得原本團結的局面，出現新的變數。國家社會黨、中國青年黨及其他黨派便籌組政團，民國三十一年 (1942) 正式組成「民主政團同盟」，希望能以國、共兩黨以外的第三勢力自居，以備必要時能調停其間避免武力對決。

　　而由於「民主政團同盟」的成立，卻直接對中國國內的政治生態投入新的變數。它後來演變成民主同盟，在有意無意之間，整合了國、共兩黨之外的重要政治力量。此一整合對於抗戰以後中國民主政治的開展而言，則發生相當大的影響。

不平等條約的廢除

　　本來在民國三十年 (1941) 五月及七月，美國及英國先後表示，願在中國和平恢復後，協商放棄治外法權事宜。太平洋戰爭以後，美、英則進一步通知，準備與中國談判新約。民國三十二年 (1943) 一月，中美、中英新約正式簽訂，中國不平等條約的時代正式宣告終結。

　　但是，中國及英國對於新界（九龍租借地）並未達成協議。或許由於其與香港關係十分密切，使英國當時不願放棄，以免失去水源及其他必要的生活資源。但是，對國民政府而言，這卻是不平等條約體制的殘留物，因此聲明保留，以待來日。

開羅會議

　　隨著最後決戰的接近，戰後的安排問題逐漸浮出檯面。民國三十二年 (1943) 底，已經接任國民政府主席的蔣中正，與美國總統羅斯福 (F. Roosevelt)、英國首相邱吉爾 (W. Churchill) 在開羅舉行會議，商討擊敗日本以後的善後安排問題。

　　在開羅會議，三國首次達成協議表示，戰爭的目標之一乃是達成日本的無條件投降。而東北四省、臺灣、澎湖歸還中國；庫頁島、千島群島則交還蘇聯；日本在太平洋的託管島嶼則轉交美國託管。開羅會議發表的宣言，雖然不是國際法上的條約，不具國際法上領土轉移的法律效力，卻影響了由美國主導的聯軍（同盟國）戰後接收規劃。

中美之間的歧見

　　在開羅會議中，雖然美國羅斯福總統對中國十分友好，但是中美之間

則存在相當歧見。此一歧見的凸顯，是史迪威 (J. Stilwell) 事件。而此一事件固然與史氏個人的風格有關，不過，隱藏在背後的一個重要因素，則是中美雙方對於中共，乃至於中國戰後的政治解決方式存有歧見。

史迪威及許多美國的政治人物，當時都並不認為中共是真正的共產主義者，因此在戰時希望將美援物資同樣分配給中共的軍隊。而在戰後，則期待一個包含中共在內的聯合政府，最少作為中國走向民主政治的過渡，來化解爭端。

因此，史迪威雖然去職，戰後如何組成聯合政府卻始終是美國對華政策的重要內涵之一。而此一政策取向，對於戰後中國政治發展，產生相當大的影響，特別是中共藉此取得了相對有利的談判地位。

日本無條件投降

民國三十四年 (1945) 五月，德國投降，軸心國僅剩日本。但是，日本雖然對外作戰已出現頹勢，在中國、日本本土及臺灣龐大軍力則尚稱完整，因此，主和的聲音未成為主流。直到八月美國原子彈先後投炸在廣島及長崎，日本政府經過御前會議的討論，才決定投降。部分日本軍事將領不服，陸軍發動政變試圖挾持天皇失敗。日本旋即通知同盟國無條件投降，並在八月十五日透過「玉音放送」向日本全國軍民宣布。八年抗戰結束，中國由戰前被不平等條約束縛的國家，一變而為世界的五強。

抗戰時期的非常體制及其後續影響

國民政府在抗戰期間，除了既有的訓政體制法規之外，更以因應非常時期及戰時經濟統制為由，制定《非常時期農礦工商管理條例》❹、《國家總動員法》、《非常時期人民團體組織法》、《懲治盜匪條例》等等法令，其影響更延續至 1980、1990 年代的臺灣。

就國家總動員體制而言，《國家總動員法》乃是一套含括範圍廣泛的經

---

❹ 依當時《法規制定標準法》的規範，當時的「條例」與行憲以後不同，並非法律，而是行政命令。

貿管制法規體系，源頭可以追溯到民國二十七年 (1938) 十月二十六日國民政府制定公布《非常時期農礦工商管理條例》，籠統地授權行政部門管制戰時物資，因應變局。民國三十一年 (1942) 五月五日，國民政府公布《國家總動員法》，其內容除納入原先在《非常時期農礦工商管理條例》已有的戰爭後勤支援經濟管制之外，並增加金融管制及更明確的進出口管理；此外，又增加與政治控制有關聯的管制項目，如對新聞、言論、出版、通訊、集會、結社等自由權利的限制，使得《國家總動員法》具有「實質意義的戰時憲法」的性質。

習　題

一、張學良及東北軍為何受中共宣傳影響，而發動西安事變？

二、新四軍事件與民主政團同盟的成立有何關係？而民主政團同盟對此後中國內部政治勢力的整合，又有何影響？

三、史迪威事件背後，所代表美國對中共的態度為何？試說明之。

第六章　日治時期的臺灣

第一節　抗拒與調適

日治初期的武裝抗日

臺灣總督府宣告平定全臺後，各地抗日的行動仍此起彼落。1895 年十一月底，由東港的抗日揭開序幕的第一階段武裝抗日中：北部地區主要有陳秋菊、林李成、簡大獅等人，中部地區有簡義、柯鐵等人，南部地區以黃國鎮、林少貓等人最著。此一階段的武裝抗日行動，與乙未抗日各地並舉的民軍類似，均出於防衛，加上日軍鎮壓手段殘酷，使得武裝抗日此起彼落，直到林少貓於 1902 年兵敗，告一段落，1907 年才展開第二階段的武裝抗日。此階段的抗日行動範圍雖遍及全臺，但乙未期間各地抗日軍彼此跨區支援的現象，已不復見。

而武裝抗日的暫告一段落，一方面是日本統治基盤已經穩定，抵抗不易，另一方面則是兒玉源太郎總督時代民政長官後藤新平積極招降配合強勢鎮壓的兩手策略的結果。而後藤新平對於投降者如北部的陳秋菊等人便予以禮遇，對於仍有作亂疑慮者，則不惜在招降儀式中加以屠殺。

抗日分子中被處死的，以簡大獅最為特殊。他二次抗日不成後，便逃到中國大陸。當清廷官吏應日方要求加以審訊，準備引渡給日方時，他表明係因骨肉受辱而持續抗日，所以情願被清廷處死，希望能「生為大清之民，死作大清之鬼」，卻不能如願，仍被送交日方處死。

武裝抗日的終結

　　1907 年武裝抗日行動再起，不過除了 1915 年的西來庵事件以外，規模都不大。而且，西來庵事件以後，武裝抗日也告終結。

　　在這八年的武裝抗日行動中，許多是因為日本進行林野調查掠奪了95% 以上的林野，以及日本資本在臺灣的擴張過程中，臺灣本地人生計受害的反彈。而與仕紳階層的抗日行動不同，宗教也常常成為這一階段武裝抗日行動動員的方式。

　　其中比較特殊的是羅福星抗日事件與西來庵事件。羅福星是同盟會會員，而且在來臺從事抗日行動之前，生於廣東的他只有在 1903 至 1906 年之間，曾隨祖父到臺灣。民國建立後再到臺灣企圖從事抗日的工作，並準備起事，1913 年事敗，羅福星被捕，翌年被處死 ❶。至於西來庵事件除了被依法審判的一千九百五十七人以外，單單噍吧哖一地被日本統治者屠殺的便多達五、六千人。其後除了原住民仍然發動武裝抗日外，臺灣的武裝抗日已告終結。

圖 23　西來庵事件的三位主事者余清芳（左）、江定（中）與羅俊（右）

---

❶　1913 年同盟會在中國不僅早已不再是革命團體，轉型為普通政黨，而且在 1912 年就已經與其他四個團體（政黨）合併成為國民黨。

圖 24　領導霧社事件的馬赫坡
頭目莫那魯道（中）及布卡珊社
頭目（右）

霧社事件

　　西來庵事件以後，漢人武裝抗日告一段落。至於原住民的武裝抗日則
仍未平息，其中以 1930 年發生的霧社事件最為慘烈。

　　1930 年由於 1.「理蕃」政策過於殘暴。2.日本官吏統治手段橫暴。3.
義務勞動的負擔過重。4.蕃地警察玩弄原住民婦女感情，引爆莫那魯道領
導的霧社事件。事發後，臺灣總督府採取強力鎮壓行動，不僅出動陸軍及
警察，且以飛機進行空襲，甚至有使用國際禁用的毒氣彈之說。原住民終
告不敵，莫那魯道自殺。

　　總督府以主謀罪名將六社頭目十餘人處死，其餘族人則被強制遷住羅
得福、西巴島二社。翌年四月二十五日，日警唆使親日原住民加以突襲，
造成二百餘人被殺，是為第二次霧社事件，殘餘的二百餘人，總督府強迫
其移住川中島。

　　此一事件引起輿論的注意，在日本本土也受到抨擊，迫使總督府重新
檢討理蕃政策，第十三任臺灣總督石塚英藏與總務長官人見次郎，與警察

局長石井保等官員更因該事件而引咎辭職。

政治抗爭的開端

1902 年林少貓被殺後，日本基本上已經完全控制臺灣。面對日本統治者殘酷的鎮壓，以及已滲入鄉間的有效控制，武裝抗日的空間幾乎已告消失。

而 1914 年「臺灣同化會」的成立，則可視為政治抗爭的開端。本來 1897年的國籍選擇中，二百八十萬左右的住民中，只有大約四千五百名選擇保留原有的國籍。換言之，大部分的臺灣本地人都成為具有日本國籍的日本國民。但是，當 1896 年三月臺灣在總督府統治下，由軍政進入民政之後，日本政府在同月就公布了帝國議會通過的《法律第六十三號》(《六三法》)，授予臺灣總督府律令制定權與緊急命令權。如此，成為日本國民的臺灣住民，在臺灣卻不能與日本本土國民享有同等的權利與平等的待遇。因此 1914 年藉著同情臺灣本地人處境的板垣退助來臺的機會，林獻堂便正式組成「臺灣同化會」。

「臺灣同化會」一方面主張「臺灣人」向「日本人」同化，另一方面則強調「臺灣人」應享有與「日本人」平等的權利。就前者而言，本來就是日本總督府的政策，而林獻堂與支持「同化」的臺灣本地人，所追求的則是「臺灣人」地位的提高。

梁啟超的影響

林獻堂選擇接近板垣退助等日本政要，採取「同化會」的方式，多少也是受了梁啟超的影響。1907 年當林獻堂認識流亡在日本的梁啟超時，梁啟超告訴他，中國在三十年內沒有能力援助臺灣的住民，而採取暴動的反抗方式，在日本的鎮壓下，只是無謂的犧牲。最好學習愛爾蘭的經驗，結交日本政府的政要，以牽制臺灣總督府，使其不敢過分壓迫臺灣本地人。甚至可進一步設法取得參政權，以對抗統治者。而 1913 年，林獻堂透過板垣退助結識國民黨的戴季陶時，戴氏也向他提出相類的建議。

　　以後雖然林獻堂本身的政治路線也有所轉折，不過在政治抗爭的路線上，所謂的「愛爾蘭模式」則成為臺灣歷史上非常重要的政治訴求。

撤廢六三法的訴求

　　臺灣仕紳推動「同化」背後的目的，臺灣總督府亦相當了解，因此 1915 年一月便下令強制解散「臺灣同化會」。既然以夾帶方式來追求臺日平等都遭到封殺，其後以林獻堂為主的仕紳便明白提出撤廢《六三法》的主張❷，他並於 1918 年在東京出任以撤廢《六三法》為目標的「啟發會」會長。不過，撤廢《六三法》對統治體制而言，則是期待「內地延長主義」的實現。換言之，也就是追求日本本土的法律、制度能在臺灣一體適用。如此，臺灣的特殊性固然無法確保，以臺灣的人口所選出的議員數，在多數決之下，恐怕亦難以確保臺灣的利益。

　　因此，在第一次世界大戰後民族自決的風潮中，林呈祿提出設置臺灣（殖民地）議會的主張，希望維持「六三法體制」的臺灣特殊性，而把臺灣總督府立法權和財政權的決定權移轉給議會，便迅速取代了撤廢《六三法》的訴求，成為臺灣本地人對統治者抗爭的重要政治主張。

臺灣新民會的組成與宣傳媒體

　　1920 年主張臺灣高度自治的「新民會」在東京成立，由林獻堂出任會長。而「新民會」的學生會員，則設立「臺灣青年會」。以後，除了早期舉辦撤廢《六三法》的演講外，主要的活動常常都由「臺灣青年會」具名。

　　而具有兩會共同機關刊物性質的《臺灣青年》則於 1920 年創刊，籌備發行期間連當時臺灣的「有力者」辜顯榮等人也捐了五千多円，這是表達臺灣本地人的政治要求最早的定期刊物。1922 年其後繼月刊《臺灣》出刊，1923 年以《臺灣民報》的形式出版，並由半月刊逐步改為旬刊，至 1925 年發展成週刊。由於會員組成與日本本土言論尺度較寬的關係，《臺灣青年》

❷　雖然《六三法》早為《三一法》所取代，但因其性質相似，且法案的正式名稱相同，故當時連具官方性質的《臺灣日日新報》都沿用「六三」的說法。

系列的刊物一開始便在日本發行，直到 1927 年才改在臺灣發行，從此臺灣本地人才在島內擁有自己發行的新聞媒體。1930 年《臺灣民報》改組為《臺灣新民報》，1932 年改為日報發行，這也是在日治時期臺灣本地人唯一擁有的報紙。

議會設置請願運動

林呈祿強調維持臺灣的特殊性，主張設置殖民地議會，追求自治的論點，於 1920 年十二月發表在《臺灣青年》，引起了相當的回響。林獻堂也轉而贊成此一訴求，並由他領銜在次年一月正式向日本帝國議會提出《臺灣議會設置請願書》。此後的十三年間，前後共發動了十五次的請願，扣除重複參加的人，有一萬兩千多人簽名。

如果設立有立法權和預算審核權的臺灣殖民地議會，雖然是屬於日本的殖民地，在當時的政治體制下，臺灣的住民（包括在臺灣的「日本人」）透過選舉組成的議會，便可以決定臺灣本身法律效力的「律令」，控制財政。因此，後來左派的臺灣反對運動者雖然批評這是與日本統治者妥協，對日本政府而言，這卻可能隱藏了走向英國式自治領殖民地的危險，甚至可能導致脫離日本的獨立運動，而始終加以拒絕。

而在進行請願的過程中，不僅面對日本政府的拒絕、臺灣總督府的打壓，臺灣本地人中辜顯榮等仕紳也曾召開所謂的「有力者大會」加以抵制。

1924 年六月二十七日，辜顯榮等二十八位親總督府的臺灣有力人士，成立抵制議會設置請願運動的「有力者大會」。而林獻堂等人則於七月三日於臺北、臺中、臺南同時舉行反制自稱「有力者大會」言論的「全島無力者大會」。

象徵性的選舉

1934 年九月，由於中川總督的強硬態度，長年面對臺灣總督府壓力的林獻堂與幹部們協商以後，被迫決議停止議會設置請願運動。追求自治的政治舞臺，退縮到地方自治的有限範圍。

圖 25　臺灣文化協會第一回理事會紀念，前排右
四為林獻堂，前排左三則是蔣渭水（莊永明提供）

1935 年，臺灣總督府控制的地方自治開始實施。其中街、庄的協議會
及市會等地方「議會」議員半數官派，半數則在限制選舉制度下由人民直
接選舉產生。至於州會議員則半數官派，半數由下級議會間接選舉產生。

這種地方自治不僅層級低，也欠缺「自行治理」(Self-governed) 與「自
主」(Autonomy) 的精神，基本上象徵意義遠大於實質意義。不過，臺灣住
民藉此對於近代的選舉也有所體驗。

臺灣文化協會的成立

臺灣島內的政治抗爭團體，則從 1921 年成立的臺灣文化協會開始受到
注意。而臺灣文化協會本身的發展及其影響，更是日治時期臺灣政治、社
會史上重要的一環。

臺灣文化協會成立之初，推林獻堂擔任總理，由蔣渭水出任專務理事。
其成立雖以「助長臺灣文化的發達為目的」，扮演文化啟蒙者的角色，在現
實上則積極支持議會設置請願運動，並舉辦各種演講。其中到各地方舉辦
具有啟蒙民眾作用的演講，最受注目。由於演講過程及其內容常常批評日
本統治當局，因此，依據 1923 年開始在臺灣實施的《治安警察法》，文化
協會的演講者常被警察下令「辯士中止」而中斷演講，更有五十多次連集

會本身都被下令解散。

臺灣文化協會的分裂及發展

臺灣文化協會在成立之初即包括各種不同思想、主張的成員在內。1926年底，主張合法政治抗爭的蔡培火派、受辛亥革命影響較深的蔣渭水派以及主張社會主義的連溫卿、王敏川派之間的對立已然成形。1927年改選結果，左派正式掌權，林獻堂、蔣渭水、蔡培火相繼離開，以後組成臺灣民眾黨。

1928年作為日本共產黨支部的臺灣共產黨成立，並積極介入臺灣文化協會。1929年，並將連溫卿逐出，以後文化協會即成為臺共的外圍。1931年，日本政府大舉整肅左派運動，臺共固然首當其衝，文化協會及當時也成為臺共外圍的農民組合亦遭檢舉而結束。

臺灣民眾黨的歷史

當林獻堂等人離開臺灣文化協會後，歷經波折終於在1927年取得臺灣總督府的組黨許可，成立臺灣民眾黨。

但是成立之初，由於蔣渭水強烈的「民族主義」色彩，和蔡培火在政治路線便有衝突。其後，蔣渭水秉持其全民運動的理念，積極結合勞工、農民，特別是其主導的臺灣工友總聯盟發展十分迅速，更使主張穩健路線爭取自治的部分黨員感到疑慮。1930年楊肇嘉返臺以後倡議組織臺灣地方自治聯盟，吸引了蔡培火等人投入。十二月，堅持不得跨黨的民眾黨開除了林獻堂以外加入自治聯盟的黨員。而林獻堂則在1931年初表明為支持不得跨黨的決議，宣布退出民眾黨。

穩健派退出以後，1931年二月，民眾黨大會通過主張更強烈的修正案，日本警察則當場逮捕蔣渭水等人，並宣布解散民眾黨。

自治努力的終結

臺灣地方自治聯盟成立後，即明白要求「實行完全之地方自治」。但是

一再請願不成，內部便又出現主張改組為更具抗爭性質的政治團體，不過，由於當時政治氣壓甚低，才未造成分裂。

　　而臺灣總督府強力壓制議會設置請願運動以後，追求臺灣自治的主張，在所謂「合法」的空間中，只剩下追求臺灣的地方自治之可能。1937 年，中日戰爭的爆發使得地方自治聯盟的幹部越發覺得沒有施展的空間，而且法西斯體制高壓統治的氣氛也益發濃烈，在危機重重之際，便於同年八月自動解散。至此，日治時期有組織的政治抗爭也告落幕。

習　題

一、臺灣同化會的主張為何？林獻堂等人所著重者又為何？試討論之。
二、日治時期臺灣地方選舉的內容為何？又有何意義？
三、臺灣民眾黨有何政治路線的衝突？又為何分裂？

第二節　政治措施

武力鎮壓及其演變

　　日本帝國主義自清廷政府手中接收臺灣，雖完成國際法上主權的轉移，在事實上則面對充滿對抗意識的臺灣住民。對此，日本政府一開始則是以正規軍進行武力鎮壓。雖然挾其在軍力及武器裝備的優勢，反抗行動最多只能延緩其接收的速度，及收到騷擾的效果，但是從樺山總督歷經桂總督到乃木總督，卻幾乎必須時刻面對武力反抗行動。

　　而在持續鎮壓抗日行動的過程中，臺灣總督雖然同時也是軍事的長官，不過，各個部門及層級之間，卻時常發生行政上的矛盾，軍隊與警察之間也時有對立。為此，乃木總督在 1897 年實施「三段警備制」，以臺灣住民抵抗的程度，分為「危險界」、「不穩界」及「安全界」，由軍隊及憲兵、憲兵及警察、警察負責。

同時，乃木總督採納了宜蘭警察署長的提案，採取所謂的「土匪招降策」，代替原本單純的武力鎮壓，對於武裝抗日分子，鎮壓之外也採取招降的政策。政策實施以後，1896 年十一、十二月間，北部的林大北和雲林簡義皆率眾投降。不過，投降者在原有的武裝抗日分子中所佔比率不高，武裝抗日行動在全島各地依然展開。直到兒玉總督時代，在後藤新平招降與殲滅的行動下，臺灣住民的武裝抗日行動才遭到更有力的抑制。

保甲體制的推展及控制的加強

有趣的是，正與乃木總督推動「三段警備制」的理由相類，兒玉總督廢棄了此一制度，在 1898 年正式建立殖民地警察體制。而除了其他整編的行動之外，保甲體制的推行，是便利臺灣總督府加強控制的重要措施。以警察配合保甲，深入控制臺灣社會的基層。

不過，保甲體制並非「兒玉‧後藤體制」的創舉，而是以清廷時代的保甲制度為基礎，加以引進、推展。在推動之初，固然著眼於以「連帶責任」的惡法，來協助警察維持治安，其後保甲的性質則轉趨複雜。雖然保甲體制的負責人保正或甲長基本上是無給職，然而它不但收到「以臺制臺」的功效，也逐漸變成籠絡各個地方仕紳或培植地方領導人的手段。同時，配合其後的人口普查及戶籍制度的建立，保甲制度的功能有更進一步的發揮。

臺灣住民的國籍選擇

根據近代國際法的原則，領土的主權發生變更時，原本土地的住民並不應該隨著主權的變更而國籍必然改變，而需要經過一個國籍選擇的程序。因此，在《馬關條約》中對此也有所規定。

不過，到 1897 年日本政府才正式放棄使臺灣住民大量移出的可能，而採取鼓勵原本臺灣住民繼續留下的政策。結果，只有不到四千五百人，選擇保留清國國籍。

這固然是保留原國籍必須面對離開臺灣的安排，縱使能再以華僑的身

圖 26　　第四任總督兒玉源太
郎（右）及民政長官後藤新平

分繼續在臺灣活動、生活，仍十分不便。但是，在二百八十萬左右的人口
中，只有不到 2‰ 的人口選擇清國國籍，比率實在偏低。特別是與 1871 年
法國割讓亞爾薩斯與洛林給德國時，有 5% 左右的人口選擇法國籍比較，
更是明顯。這還未考慮到當地的住民，有相當比例在血統、語言與德國人
相類的因素。

六三法體制及沿革

　　1896 年日本帝國議會通過《六三法》，使臺灣總督擁有在臺灣的立法
權。此一制度不只如前所述引起臺灣住民的不滿，亦引起日本本土部分議
員及學者的批評。

　　但是歷經 1906 年通過的《第三十一號法律》（《三一法》）及 1921 年制
定的《法律第三號》（《法三號》），臺灣總督府的體制及統治的法律根據雖
亦有所變更，但臺灣總督擁有立法權並沒有本質的改變。因此，法律固有
更迭，整個體制仍通稱「六三法體制」。

六三法體制的分析

《六三法》通過之初，其法律內容便規定有其時效性。這是因為在日本憲政體制下，縱使是天皇都沒有獨立的立法權，行政勅令也不得牴觸法律。一旦發動緊急命令，亦必須得到帝國議會的追認才告成立。

在此狀況下，臺灣總督獨立的「律令制定權」，雖然必須得到天皇的裁可。不過，不僅原則上照准，而且只要臺灣總督不主動，日本帝國議會通過的法律，對臺灣並無拘束性。值得注意的是，此一體制乃是針對臺灣，而非臺灣住民本身，是典型的「一國兩制」。因此，臺灣本地人在日本本土時便擁有更多的人權保障，得以為臺灣人的權益發聲❸。

其後，在《三一法》取代後，才進一步限制臺灣總督的「律令制定權」，使其不得違反已在臺灣實施的法律，也不可以對抗以在臺灣實施為目的的法律及勅令。而《法三號》則進一步希望日本本土的法律適用於臺灣的原則，限制臺灣總督的「律令制定權」只是補充的性質。這與《六三法》立法之初賦予總督的大權，以及臺灣特殊性的規定，固不可同日而語。不過，只要臺灣總督認為臺灣有其特殊的需要，或無法適用日本本土的法令時，仍然可以行使「律令制定權」。

總督性格的改變

日本領有臺灣開始，便由軍人出任臺灣總督一職，並擁有臺灣的軍事權。其間比較特殊的是，在兒玉總督任內因為長期兼任日本本土或是在中國東北的軍職，因此事實上是由文人出身的民政長官後藤新平負責推動臺灣主要的政務。

其後，日本由於面對朝鮮的「三一（獨立）運動」❹，以及臺灣住民

---

❸ 這也是臺灣菁英在日本本土進行合法請願，要求設置殖民地議會，返臺之後被指控違法結社遭移送法辦，而有所謂「治警事件」。而由臺灣菁英主導的《臺灣青年》系列雜誌在日本發行，再運回臺灣銷售時，經過臺灣總督府的審查，部分比較敏感的文字，往往被迫刪除。

的政治對抗行動，加上日本本土在 1918 年原敬內閣成立後，所謂的「大正民主」正式展開，所以殖民地體制也有改變的契機。大正民主指的是日本大正期間要求民主主義改革的運動與思潮，一般以 1913 年（大正二年）第一次憲政擁護運動作為出發點，1921 年以後已有衰退的現象。而 1924 年第二次憲政擁護運動則以既有的政黨作為重心，人民參與度降低。1925 年，《普通選舉法》通過，固然是大正民主時代訴求的重要成果，不過同時通過的《治安維持法》則是另一個面向的發展。其後，與民眾分離的政黨終不敵法西斯主義的浪潮，日本軍國主義時代於焉成立。

在日本領有臺灣之初，原敬本來就主張應該由文人擔任臺灣總督。當時他的意見並沒有得到採納，而在此時隨著情勢的改變，外在客觀條件已然不同，加上原敬首相個人的主觀意願，殖民地由文人出任總督已成為可能。最後相對於朝鮮幾乎沒有完全單純的文人擔任總督，臺灣則是在明石總督之後，由田健治郎於 1919 年十月出任第一任文人總督。

1931 年日本進入十五年戰爭期以後，軍國主義的體制已經逐漸形成。而 1936 年，第十七任總督便再由出身海軍大將的小林躋造出任，直到 1945 年日本宣布投降時的最後一任安藤利吉，臺灣總督便始終由軍人擔任。

統治理論的調整

文人或是軍人出任總督，並不只是表面上文人表現比較溫和而已。1921 年《法三號》的通過，既然期待臺灣總督的「律令制定權」是補充日本本

❹ 此為朝鮮反對日本殖民統治的民眾反抗起義行動。自從 1895 年後，朝鮮淪為日本保護國，至 1910 年正式成為日本之殖民地，朝鮮民眾反抗行動迭起。至 1917 年俄國革命後，革命思潮席捲東亞，朝鮮亦深受影響，而至轉化為具體之革命行動。1919 年三月一日漢城三十萬市民舉行遊行示威，高呼「朝鮮獨立萬歲」等口號，全國各地紛起響應，相繼進行罷工、罷市、罷課及示威遊行等行動，不少地區猶進行武裝反抗起義行動。在三至五月間，全朝鮮參與民眾達二百萬之鉅。日本殖民統治者以殘酷行動進行了鎮壓，引發大規模流血事件，終至平息，而各式反抗鬥爭行動仍不絕。三一事件是朝鮮現代史上最主要的民眾反抗殖民者行動，並孕育了此後民族主義運動及左翼運動之領袖。

土法令的性質，則也意味著由臺灣的特殊化統治，將往與日本本土較為一致的方向發展，這似乎也可以看成有所謂「內地延長主義」的「同化」色彩。不過，如前所述，此一轉變仍然是相當有限的。換言之，所謂的「內地延長主義」最多只是一個趨勢，在日本統治臺灣的期間，臺灣也從來沒有真正與日本本土制度同樣過。

其後軍人再出任臺灣總督一職，已是日本軍方影響力大增，法西斯體制強化的時代，戰爭體制下對臺灣的控制以及統制體制的推展便成為一大特色。不過，在同一時期「內地延長主義」的方向並沒有改變，皇民化政策固然是為了加強臺灣本地人的效忠，從另一個角度來看，更是精神、文化層面「內地延長主義」政策的表現。

整體而言，在小林總督時期，作為國民精神總動員一環展開的皇民化運動，希望強化臺灣人民在精神、文化對日本的認同。推動的主要項目包括：國語運動、改姓名運動、宗教社會風俗的改革。相對於朝鮮的強制政策，臺灣實施的改日本姓名則採許可制，必須由戶長提出，全家更改，申請要件之一是全家必須都能講日語的「國語家庭」。但是更改姓氏有違漢人傳統，日本當局雖然一再勸誘，成果相當有限。1940 年長谷川總督繼任後，希望可以減少臺灣人對皇民化政策的反感，減緩之前對臺灣文化的壓抑，包括撤廢臺灣原有的偶像崇拜及寺廟政策等等。

官派諮詢體制的出現

1921 年，臺灣總督府設置的臺灣總督府評議會開放民間日人與臺人參與，而在各州、市、街、庄也由官方成立官派的協議會。但是，由行政機關遴選，本來就欠缺民意基礎，而且總督府評議會員最初也僅僅只有九名臺灣本地人。

縱然如此，所謂的諮詢，實際上更只是「備諮詢」而已，連主動提供諮詢的可能都告闕如。直到 1930 年，總督府的評議會才正式擁有建議權。

民意參與的管道

1935 年，地方制度改革，州、市設置了具有議決能力的市會及州會，街、庄則維持協議會的組織。不過，如上一節指出的，縱使是人民直選產生的市會和街、庄協議會，一半的成員是由官方指派，行政部門主導的意味相當濃厚。

如前所述，在新的制度下，臺灣住民終於有了參與政治的管道。當時是採取限制選舉制度，只有男性和年繳稅金五圓以上的人才有投票權。由於初次擁有選舉權，1935 年的選舉投票率達到了 96% 左右。不過，在市會的選舉當選人中日本人的人數還多過臺灣本地人。而在街、庄則由於日本人人數較少，臺灣本地人佔了民選席次的大多數。

而除了地方性質的民意參與管道以外，日本政府最後在體制上終於給予臺灣住民參與國政的權利，規定臺灣可以選舉產生五名眾議院議員。這是 1945 年三月，《眾議院議員選舉法》修正及《法三十四號》公布以後的事。因此，在當年日本投降之前，這項權利根本沒有落實的機會。

縱使如此，仍規定了對臺灣住民歧視的條款。首先，日本早在 1925 年便實施普通選舉，而此時臺灣住民仍必須繳交一定數額的國稅才有選舉權。同時，日本本土平均每十五萬人便可以選出一席議員，而臺灣卻必須每一百萬人才可選出一席。

司法制度

在日本統治期間的政治措施中，必須附帶一提的是司法制度對臺灣的影響。

早在武官總督乃木時代，便曾爆發所謂的「高野孟矩事件」。擔任高等法院院長的高野，在其任內揭發了一連串的弊案，不僅高級官員多人被捕，勅任官中也有多人家中遭到搜索，並導致總督府人事大變動。可是，高野本人不但被免去總督府法務部長的兼職，連高等法院的本職也被以違憲的命令停職。他執意上班，甚至被警察逐出。為了支持高野，包括地方法院

院長在內，多位法官也辭職抗議。此一事件的發生，是因為日本本土依據《憲法》保障法官地位的制度，在臺灣並不適用所致。

雖然如此，日治時期的法官仍然時有依法對抗總督府體制的行動。1924年著名的「治警事件」中，對於此一因為要求設置議會而遭到起訴的案件，一審庭長不僅依據法理批駁與犯罪事實無關的政治指控，而且一審判決被告全部被判無罪。這是日治時期臺灣司法史上，值得一提的事情。

習　題

一、請討論日本領臺期間，《六三法》體制的演變。

二、日本領臺自 1919 年以後，總督改由文人擔任，原因為何？試討論之。

第三節　社會、經濟與文化

日本帝國主義體制的編成

日本取得臺灣以後，如何在臺灣建立附屬於其本土的社會、經濟與文化體制是其統治的重點。而在甲午戰爭前後，日本政府投入相當多的經費進行武裝及其本土的建設，加上軍費的支出，財政狀況並不理想。所以，如何在臺灣取得經濟利益，以及臺灣總督府如何能自給自足，成為日本政府向其人民宣示其具有統治臺灣正當性的重要依據。

不過，日本政府及臺灣總督府並不急於殺雞取卵式的剝削。而是一方面將臺灣編入其帝國主義的體制內，一方面則是在臺灣推動具有「近代化」(Modernization) 性質的基礎建設，以強化其在臺灣的統治，便利其汲取臺灣的資源。因此，在日本統治期間，臺灣才會有相當的建設。

關稅與貨幣的整編

臺灣在清廷政府統治時，海關由英國人管理。而海關及關稅乃屬於國

家主權行使的一部分，因此，1896 年日本便使臺灣適用日本本土的關稅法制，將臺灣在此一層面納入日本的經濟圈。而如此一來，原先歐美資本在臺灣的優越地位便被日本所取代，其產品及資本的競爭力大減。

除了關稅以外，日本也在臺灣進行貨幣整合工作。不過由於臺灣流通的各國貨幣十分複雜，日本政府便先進行本土的金本位體制改革，而以 1899 年設立的臺灣銀行為中心，暫時維持臺灣以銀為交易媒介的習慣，配合金、銀的公定兌換率作為過渡。其後，在 1904 年再由臺灣銀行發行金本位制的臺銀券，而與日本完成幣制的統合。

土地調查與土地改革

由於臺灣本來的大租戶、小租戶、佃農的土地所有制度十分複雜，土地所有權完整的轉換並不容易，而田地的面積亦不確實。因此，臺灣總督府便以過去日本本土土地改革的經驗，在臺灣進行土地改革。

而從初步控制臺灣北部的 1899 年開始進行土地調查，至 1904 年完成。調查結果臺灣的田地面積，較劉銘傳調查的結果，增加 70% 以上，這當然也增加了日本總督府的稅收。

同時，臺灣總督府給予大租戶低額的公債作為代價，確立小租戶作為土地唯一的所有者，土地所有權較之前單純、清楚，土地作為商品流通的可能性大增。而由於補償的代價不高，大部分的大租戶便告沒落。比較特殊的例子之一，則是包括霧峰林家在內，臺灣中部地區一些較具規模的大租戶，則以取得的公債作為主要的資金，設立了由臺灣本土人士創建的彰化銀行。

而除了田地以外，透過進一步的林野調查，由於臺灣總督府採取凡不能確切提出所有權的林地，一律視為無主地，而收歸國有的政策，結果將近八十萬甲的林地中，95% 以上的林野都透過調查而國有化。臺灣總督府掠奪了這些林野以後，則再透過官有地放領的方式，轉移給來臺投資的日本資本。

戶口調查與其他基礎建設

就在完成土地調查之時，1905 年臺灣總督府開始進行戶口調查，一方面加強對臺灣的控制，另一方面則為日後良好的戶籍制度建立基礎。

包括前述的土地調查在內，對於日治時期初期臺灣的建設，第四任總督兒玉源太郎的民政長官後藤新平，可謂建樹最多。他動用發行公債所取得的資金，建設縱貫鐵路、公路與電信、海港等工程。這些基礎建築固然有助於日本對臺灣的控制，卻也提供臺灣經濟進一步發展所需的基礎建設。1902 年，後藤新平透過保甲的動員以及投降的抗日軍，建造二千多公里的道路。這些鐵、公路的建設 ❺，拉近了臺灣各地的距離，也提供形成共同體 (Community) 不可或缺的硬體基礎 ❻。

而在水電建設方面，1899 年，臺灣最早的自來水工程在淡水完成後，繼而 1905 年臺北市街開始裝設電燈。其後由於電力之需要大為增加，日本乃有利用日月潭及濁水溪開發電力之計畫。1934 年日月潭第一水力發電廠的完工，是臺灣電力工業的重要里程碑，也使得進一步推動工業化成為可能。

市區改正與都市計畫

日本領臺之初，開始陸續推動都市計畫。1899 年以律令第三十號公布市區計畫有關土地及建物的規定，而作為臺灣都市計畫里程碑的，則是1900 年公告施行的臺中與臺北公布市區計畫。1936 年公布「臺灣都市計畫令」則於次年四月實施 ❼。整體而言，在日治時期公告的「市區改正」或

❺ 其中在公營鐵路方面，以 1898 年開工，1908 年完工的縱貫線最為重要；私營鐵路部分，最長的是製糖株式會社所經營的線路；林業專用鐵路則以自縱貫線至阿里山伐木場的阿里山線最為著名。

❻ 根據涂照彥的研究，在晚清時期臺灣並沒有形成一個單一市場，而是一個個獨立的市場圈，並通過對外關係將它們連結起來。各個市場圈之間，當時大多依賴近海運輸進行交互流通，因為當時臺灣連結南北的陸上交通，仍有相當困難。因此，有學者便指出，必須到南北陸上交通的硬體建設完成，臺灣才具有成為一體的「共同體」的可能性。

「都市計畫」計有七十四處，其中二十四處都市計畫公告後並有後續之「擴張計畫」。

學校教育

後藤新平對於臺灣新式教育的推動也抱持積極的態度，除 1898 年開始廣設「公學校」供本地人就讀以外（日本人則讀「小學校」），1899 年更設立了臺北醫學校。不過，後藤新平的教育目的，主要乃是著眼於協力臺灣建設的考量，而不鼓勵臺灣本地人深造。因此，灌輸忠君愛國式的初等教育固有必要，高等教育則限於專門職業學校。直到 1928 年臺北帝國大學成立，設文政與理農二科，臺灣才有殖民地的大學。縱使成立臺北帝國大學以後，受限於臺灣高等學校招生名額有限，透過臺灣升學管道進入帝國大學仍相當困難。臺灣本地人若欲深造，則常常必須到日本、中國大陸或是其他國家。

到了皇民化運動時期，臺灣總督府才開始基於政策的考量，推行義務教育，大幅提高臺灣本地人接受初等教育的比率。

臺灣財政的獨立

由於領有臺灣初期，軍費及其他建設的支出十分可觀，臺灣總督府的財政收支無法平衡。因此，總督府乃透過土地調查、專賣事業、地方稅及發行事業公債等方式增加收入。本來，土地調查增加 70% 以上的田地，已經擴大了稅基。而在臺灣特殊的統治體制下，總督府又可以提高稅率，配合開徵地方稅，收入已經增加不少。專賣事業更是一大財源，當 1905 年臺灣財政開始出現黑字，臺灣財政收支轉虧為盈時，專賣的收入，便佔總督府財源的 60% 以上。

日本糖業資本的擴張

原本在 1860 年開港以後，糖是臺灣輸出總額的第二位，有相當良好的

❼ 之前一般多稱為「市區改正」，此以法令生效後，法定名詞則為「都市計畫」。

基礎。而日本領有臺灣以後，為便利日本資本在臺灣的發展，以及為了減少日本每年向外國購糖的支出，便以糖業作為經濟發展的重點。

為此，臺灣總督府在 1902 年發布《臺灣糖業獎勵規則》，又於 1905 年公布《製糖場取締規則》，提供包括資金援助、原料確保、市場保護在內的新式製糖業保護方案，而將臺灣本地人經營的傳統糖業排除在獎勵之外。

由於限制新式製糖工場的數目，又規範各場採購甘蔗原料的區域，臺灣本地人種植的甘蔗在市場供需法則之下，價格低落。而「第一憨，甘蔗種好送給會社磅」，便是此一現象的寫照。而新式製糖業既然有利可圖，彰化辜家、板橋林家、高雄陳家等本土資本，自然也投入經營行列。但是，臺灣總督府則在 1912 年下令，禁止臺灣本地人自己組成「會社」，使臺灣本地資本（不僅糖業）必須附屬於日本資本，才得以存續。

至於在整個糖業分工生產的過程中，遭到剝削的農業生產過程是由臺灣的地主與佃農所經營的，而日本的資本則主宰了工業生產過程及行銷。如此，固然是壓榨臺灣本地人而圖利日本資本家，卻使工業生產總值在臺灣經濟的比重大幅提高。

米糖相剋問題的發生

1918 年由於日本本土稻米不足，日本在臺灣的經濟政策也發生轉變，除了原有新式糖業以外，也希望臺灣能扮演供給日本稻米的角色。而為了此一目的，臺灣總督府也進行稻米的品種改良，成功研發適合日本市場口味的蓬萊米。

既然決定要增加水稻生產，則灌溉系統便需要加強建設，為此臺灣總督府於 1920 年開始嘉南大圳及其他灌溉系統的建造，並於 1920 年代末期完成臺灣水田灌溉所需的灌溉系統 ❽。另一方面，農業耕種技術及品種改

---

❽ 八田與一設計的嘉南大圳是日治時期最為可觀的灌溉系統，嘉南大圳於 1920 年開工，主要的供水設施包括 1927 年完工的濁（水溪）幹線，以及 1930 年完工的烏山頭水庫。灌溉排水面積達到十五萬公頃，解決嘉南平原灌溉水源的問題。而早在 1905 年前後，臺灣總督府開始推動農業改革及灌溉建設，除大量的土木技

良也需要專門人才，因此，成立了嘉義農林學校。而臺灣也在 1920 年代便具備了 1960、1970 年代東南亞地區「綠色革命」❾的經驗。

　　由於米業的生產歷程與糖業不同，日本資本所控制的主要只是輸出的部分，減少了日本資本的剝削，種植稻米對臺灣的地主和佃農而言，都獲利較多。特別是臺灣的土著資本掌握了大部分稻米的加工、流通過程，更有利於資本的蓄積。基於利益的考量，許多臺灣的地主和佃農便傾向種稻。而臺灣總督府面對此一由稻米與甘蔗種植農地的衝突所引發的「米糖相剋」問題，便統合各種水利機構，利用水資源的分配，推動三年輪作制度，來控制民間作物的選擇。

1930 年代的轉變

　　1931 年日本關東軍中、下級軍官主導了「九一八事變」，對日本而言，開始進入了所謂的「十五年戰爭」時代，軍方右派勢力大增，從法西斯主義往軍國主義發展，日本本土的經濟開始轉換成國家資本主義體制，經濟的發展必須為軍事的目的服務。作為殖民地的臺灣，在總督府主導下的經濟政策本來就是附屬於日本本土，為日本的利益而存在，而此時也發生重大的轉變。

　　其中最重要的，便是將臺灣定位為日本的「南進基地」，積極推動工業化。而由於明治維新以後，日本的少壯軍人多出身農村，配合以農村作為基盤的政治人物，為了維護日本本土農民的利益，從 1931 年開始便更積極

術人員來臺外，同時著手稻、蔗灌溉率的試驗，總督府土木局並設水利課。1908 年公布的「官設埤圳規則」以三千萬日圓的預算，計劃補助全臺十四處埤圳。其中最大的灌溉工程是 1916 年興建，1928 年完工的桃園大圳，共增加約二萬二千公頃的水田，解決了北臺灣農地的用水問題。

❾　所謂綠色革命，指的是一種農業革命，尤其是新品種及肥料的改進，此種改革不但增加農業的純收益，同時促進並維持了高於人口成長率的農業生產成長率。根據馬若孟 (R. Myers) 的研究，在亞洲國家當中，只有日本與臺灣在二十世紀中葉有過農業革命的經驗。他並且直接用「綠色革命」來稱呼 1920 年代開始的臺灣農業改革。

圖 27　日月潭水力發電廠

地限制臺灣米輸往日本,確定臺灣農產只是補充日本本土生產不足的角色,而將臺灣農業的收益問題,明白地置於次要地位。

工業化的發展

臺灣新興工業化的發展,可以臺灣總督府投資興建達十五年的日月潭發電廠完工的 1934 年作為里程碑。至此,新興的水泥、金屬、肥料、窯業得到廉價的電力優惠,而有更佳的發展契機。1937 年機械、造船、石化業的新工廠紛紛設立,次年纖維業及大規模的水泥業也引進臺灣。同時大規模的發電計劃,以及新的港口建設也陸續展開。

雖然,臺灣的工業化基本上是作為日本軍國主義「南進基地」的工業化,但是除了軍需工業及相關產業以外,作為「基地」,原本從日本本土輸入的日用品,也逐漸由在臺灣開辦的相關輕工業所替代。這也是軍需工業以外,臺灣工業發展的另一個面相。

工業化的推展

　　日本領臺以來，臺灣的農業一直仍是臺灣經濟的主力，加上傳統認為殖民地是原料及農產品的產地，又是殖民地母國工業產品的市場，因此「農業臺灣，工業日本」成為一般對日治時期臺灣經濟狀況的刻板印象。

　　但是事實上，在 1931 年臺灣總督府剛要積極推動臺灣的工業化時，臺灣的工業生產總值已經達到二億四百九十萬元，稍遜於農業生產總值的二億九百九十萬元。而經過 1930 年代的工業化推展，1939 年工業生產總值更達五億七千零七十萬元，超過農業生產總值的五億五千一百八十萬元。換言之，縱使在臺灣總督府積極推動工業的時期，臺灣農業生產的成長仍然十分可觀，這與前述「綠色革命」的發展有密切的關係。

　　其後，由於 1944 年以後美國的空襲破壞了許多工業生產措施，戰後的生產力復原工作，又較農業遲緩許多，戰後臺灣的農業生產才又暫時凌駕在工業生產之上。

戰時的統制經濟

　　經濟的統制，最早是針對金融、貿易。首先在 1937 年發布《外國貿易管理法》與《臨時資金調整法》，而後則進一步實施《貿易統制令》。其中在金融部分，更從限制銀行資金的運用，深入到將民間的其他金融機構納入統制，使一切資金皆在國家機關的統制之下。而為了取得資金，並為了避免引發嚴重的通貨膨脹，臺灣總督府更運用各種方法，包括由警察出面「勸導」及其他半強迫的方式，動員臺灣本地人士認購「戰時國債」❿及增加儲蓄。

　　而經濟統制政策中，《臺灣米穀移出管理令》及《臺灣糖業令》二者，

❿　戰時國債又稱愛國國債，是臺灣總督府為了調度軍費及籌集臺灣工業化資金，除了增加貨幣發行及增稅之外，另一個重要的資金來源。而自 1937 年開始，臺灣總督府即向臺灣人民強迫推銷戰時國債，至 1944 年，除了 1938、1939 兩年外，每年單單此項金額，即超過億元。

對於臺灣本地的農業人口造成相當大的衝擊，特別是本土資本的蓄積大受影響。因為透過相關的法令，賣往日本的稻米被臺灣總督府強迫以低於時價的價格收購，而原本就被壓低的甘蔗原料價格，此時更進一步需要得到總督府的認可，如此無論是農民、地主或是米商經濟的狀況都遭到打擊。

同時，為了配合工業化政策的勞工需求以及戰爭動員的需要，臺灣總督府更公布了《學校畢業者雇用限制令》、《國民職業能力申告令》、《從業者移動防止令》、《工資統制令》等一系列法規，使合適的勞動力投入相關產業，另外則徵調臺灣本地人士進入軍隊擔任軍伕（後來也徵調入伍）。

社會公共衛生的成果

除了前述基於日本本身利益所展開的各種建設以外，日治時期臺灣總督府也進行一些促使臺灣社會「近代化」的工作。從後藤新平上臺開始，便由警察協助檢疫工作，強制人民打預防針。他同時也開鑿水井、整治地下水道，檢查市場衛生。而警察強制住戶必須打掃房舍，維持室內清潔，在今日而言，更是匪夷所思。這些施政在民主憲政的架構下當然不盡合理，卻迫使臺灣本地人改變了衛生習慣，在日治時期天花、鼠疫、霍亂等傳染病也因此受到控制，甚至消聲匿跡。這或許是日治時期少數臺灣本地人並未付出太多其他代價，便收到正面效果的建設之一。

習　題

一、日本在臺灣推動土地改革的方式為何？又造成何種影響？

二、就生產總值而言，以「農業臺灣，工業日本」是否能有效說明日本領臺期間的臺灣經濟？試討論之。

三、戰時日本的統制政策，對臺灣的農民及本土資本造成何種影響？

第七章　戰後政局與行憲

第一節　復員與行憲

　　民國三十四年 (1945) 八月十五日，日本宣布無條件投降，第二次世界大戰結束。歷經長年的對日抗戰，中國除了自戰爭狀態復員之外，如何進一步進行戰前未完成的政治建設，也是當務之急。

復員與政治的基本問題

　　本來在抗戰期間，淪陷區固然在日本及各個傀儡政權的統治下，慘遭壓榨及剝削，國民政府所在的大後方，特別是四川省，為了維持戰局所支出的軍費，加上政府行政的必要支出，負擔也十分沉重。因此，經過對外戰爭以後，整個復員的工作，不但千頭萬緒，如何避免內部戰端又起，而能和平建國，也是當時民間的普遍心聲。

雙十會談

　　在全民抗日期間，事實上國共雙方的爭議並沒有完全中止，而國共兩黨之外的所謂民主黨派成員也逐漸結合成民主同盟，主張以政治協商解決中國內部的爭端。而戰爭既已結束，民間要求和平的意見又高漲，面對國內外情勢的發展，國共雙方歷經周折，終於展開正式會談。並在會談以後，於十月十日由雙方代表發表簽署的《雙十會談紀要》。

　　其中關於中國政治民主化問題，雙方「一致認為應迅速結束訓政，實施憲政，並應先採必要步驟，由國民政府召開政治協商會議，邀集各黨派代表及社會賢達協商國是，討論和平建國方案，及召開國民大會各項問題」。

如此，雙方正式「合意」，由國民政府召開政治協商會議。

政治協商會議的召開與決議

雖然決定召開政治協商會議，不過，由於民主同盟所分配的名額不足，使同盟內各黨派分配困難，以致原訂的會期無法召開。而後，美國杜魯門總統 (H. Truman) 的特使馬歇爾 (G. Marshall) 抵達重慶後，即建議國民政府，速行召開政治協商會議。而中共將兩名名額讓予民盟，才解決了名額分配的困局。加上馬歇爾的調停，軍事問題暫告解決。因此最後在馬氏主催下，政治協商會議才得以改期在民國三十五年 (1946) 一月十日召開。

依據《國民政府召開政治協商會議辦法》，政治協商會議由中國國民黨、共產黨、民主同盟、青年黨及無黨無派的社會賢達三十八位代表組成，分為改組政府組、施政綱領組、軍事組、國民大會組、憲法草案組，五組進行討論，直到一月三十一日舉行第十次會議達成五項決議後閉幕。

政治協商會議的重要成果

如果根據政治協商會議的會議規則來看，前述五項決議的達成並不容易。因為如果與會代表對議案內容有異議時，必須採取絕對多數決，在此情形下只要任何一個主要黨派抱持杯葛的態度，決議就不可能完成。因此，當時政治協商會議的五項決議，事實上幾乎得到各黨各派及社會賢達代表一致的支持，才達成的。其主要內容如下：

1. 政府改組的原則：國民政府委員四十人，中國國民黨委員二十人，另外二十人則由中國國民黨黨外人士出任。國民政府若涉及變更「施政綱領」的議案，必須得到出席委員三分之二同意，才能通過。

2. 「和平施政綱領」：(1)遵奉三民主義為建國最高原則。(2)確認政治民主化、軍隊國家化與各黨派合法化及地位平等，達成和平建國目標的方法。

3. 軍事問題：(1)軍隊國家化。(2)軍黨分立、軍民分治，並不得以軍隊為政爭工具。

4. 制憲國民大會代表來源：(1)民國二十六年 (1937) 以前產生的一千二

百名國民大會代表仍屬有效。(2)新增臺灣、東北及職業團體代表一百五十名。(3)各政黨新推派代表，其中中國國民黨二百二十名，中國共產黨一百九十名，中國青年黨一百名，民主同盟代表一百二十名，社會賢達七十名。

　　5.通過憲草十二項修改原則，組織憲草審議委員會，研擬憲法草案。

政治協商的失敗

　　從內容來看，政治協商會議的決議，對於如何從中國國民黨主導的訓政體制，過渡到民主憲政體制有一整體的安排。但是，由於執政黨與中國共產黨之間缺乏互信，導致政治協商功敗垂成。

　　其中形式上的導火線，主要在於國民政府改組及憲法草案內容的爭執。在政府改組方面，中國共產黨及民主同盟為了擁有對變更「和平施政綱領」的實質否決權，要求加上其所推薦的社會賢達在內，必須有十四席國民政府委員的席次。而中國國民黨為了保有變更「施政綱領」的決定權，則堅持不肯讓步。因此，國民政府改組的工作便遲遲難以展開。

　　由於根據政治協商會議的決議，必須先進行政府改組，再召開制憲國民大會。因此，當國民政府於民國三十五年 (1946) 七月宣布為了早日完成制憲工作，預訂於十一月十二日召開國民大會時，中國共產黨及民主同盟便引用政治協商的決議，批評此一行動是中國國民黨單方面的決定。

政協憲草體制的一波三折

　　除了前述形式的理由之外，中國共產黨也引用政治協商會議通過的憲草十二項修改原則，批評整個憲政體制的設計。表面上中國共產黨的理由似乎很充足，但是，其中許多對政協十二項修改原則的修正，事實上卻是中國共產黨的代表周恩來所支持的。因而中國共產黨態度的轉變，在這一方面甚至也沒有得到民主同盟的支持。

　　雖然如此，現行《中華民國憲法》體制的設計，還是根據政協的十二項修改原則修正而來。而之所以會修正政治協商會議的決議，主要是因為中國國民黨的六屆二中全會中，出現許多對政治協商代表張群、王世杰及

孫科等人的批評，而且決議修改政協原本的憲政體制所致。

　　原本的十二項原則中，最引起中國國民黨黨內人士反彈的，主要有二點。一是十二項原則中，希望未來能由全體公（選）民共同組成國民大會，而在未實施總統普選以前，則由縣級、省級及中央議會合組總統選舉機關的「無形國大」。二是十二項原則中，規定立法院可以對行政院全體提不信任案，行政院長也可以提請總統解散立法院，所謂「責任內閣制」的味道太濃，總統的權限太小。

　　不過，對於這種「責任內閣制」味道很濃的設計，原主草人張君勱則早已提出與一般看法迥異的觀點。張君勱認為基於國情不同，也為了使總統有「用人權」，與一般「責任內閣制」不同的是，行政院長及各部會首長毋需由國會議員（立法委員）出任。他並且公開表示這個體制實際運作的結果，將是「總統有權，內閣有責」制❶。

　　但是，作為執政黨的中國國民黨，既然堅持恢復有形的國民大會，並修改立法院的倒閣權和行政院的提請解散立法院權，則在野人士也有折衝、讓步的準備。結果從民國三十五年 (1946) 四月開始，便以前述中國國民黨的堅持和政治協商會議通過的其他條款為基礎，進行政協憲法草案逐條的研擬，而且在四月底初步完成憲法草案條文的討論。其中最富爭議的行政院對立法院負責的問題，則採用王世杰的建議，仿行美國總統制的設計。對於立法院要求變更重大政策的決議，以及通過的法律案、預算案、條約案，行政院可以提請總統核可，移請立法院覆議。若是出席委員三分之二維持原決議，則行政院長必須接受該決議或辭職。結果，卻因為中國共產黨代表李維漢堅持推翻周恩來過去的承諾，使得協商完全破裂。

---

❶　在後續制憲過程中，有關總統與行政院長的職權關係，雖然沒有明文列入「憲法」中，但是在制憲國民大會中，立法院長孫科則針對「憲法」的設計作了說明：行政院向立法院負責，「總統的責任由行政院長負擔，可以避免總統與立法院直接衝突」，而「行政院仍受總統指揮」。

制憲與政協憲草的復活

　　等到國民政府決定召開制憲國民大會以後，「政協憲草」的命運才又有了戲劇化的轉變。因為中國共產黨和民主同盟抱持抵制制憲國民大會的態度，使得除了中國國民黨以外，如何使其他各黨派的代表共同來參加制憲，成為關鍵的問題。當時身兼中國國民黨總裁及國民政府主席的蔣中正，並不願意見到一黨制憲的局面，便透過各種管道希望各黨派能夠參加制憲大業。當時在中國國民黨黨內，主要負責聯絡的人則是雷震。

　　由於強烈反共的立場，中國青年黨首先表示願意參加制憲國民大會。不過，中國青年黨的參加是有條件的，除非有其他黨派參加，否則他們仍將抱持保留的態度。因此，如何勸說「政協憲草」主草人張君勱領導的中國民主社會黨也參加制憲國民大會，便成為避免出現一黨制憲之局的關鍵。為此，蔣中正總裁與張君勱互換函件，保證「政協憲草」體制將在制憲國民大會通過，而取得中國民主社會黨的支持，共同制憲。

　　不過，由於中國國民黨黨籍的國大代表佔了絕大多數，開會的結果，「政協憲草」體制幾乎完全被推翻。最後，由於蔣中正總裁重申信守維持「政協憲草」體制的承諾，孫科又當眾批評引用國父遺教主張「五五憲草」體制的不當後，從民國三十五年 (1946) 十二月十四日到二十日，制憲國民大會以覆議的方式，才大致恢復「政協憲草」的格局。十二月二十五日大會正式通過了現行的《中華民國憲法》，並決定於民國三十六年 (1947) 一月一日公布，十二月二十五日正式實施。

動員戡亂與憲法的實施

　　由訓政體制往憲政體制發展，不合時宜的法令修訂是重要的工作。民國三十五年 (1946) 一月，在政治協商會議分組討論已有具體成果之際，國民政府主席蔣介石交由孫科擔任主席的最高國防委員會，討論「現行法令中對於人民身體信仰言論出版集會結社之自由等有關法令之廢止及修正事項」。並分為身體自由、言論出版及集會結社三個範疇，分別列出應該廢止

及修訂的法規。會議決議應該廢止的包括「國家動員法」、「危害民國緊急治罪法」等；決議必須修改的包括「非常時期人民團體組織法」、「出版法」及「出版法施行細則」等。其中必須廢止及修正的法令各有數十種，但是卻未能落實。

同年底的制憲國民大會更制定了「憲法實施之準備程序」，規定「自憲法公布之日起，現行法令之與憲法相牴觸者，國民政府應迅速分別予以修改或廢止，並應於依照本憲法所產生之國民大會集會以前，完成此項工作。」不過推動的依然有限。

民國三十六年 (1947) 四月，國民政府及行政院均進行改組，並增加立法委員、監察委員及國民參政員的名額，以便在正式行憲之前，使中國青年黨、中國民主社會黨及無黨無派人士有更多政治參與的空間。

同年七月，國共衝突加劇，國民政府下令總動員以戡平共黨的叛亂，進入動員戡亂時期。此後國民政府以《總動員法》為依據，對經濟物資、交通工具進行管制，限制反動集會宣傳，禁止罷工。不過，此時基本上仍不是憲政體制下的動員戡亂；必須等到行憲後國民大會召開，才在憲政體制下，建構動員戡亂的憲法基礎。

而在民國三十六年十一月開始舉行第一屆國民大會代表選舉，翌年一月則開始選舉監察委員（間接選舉產生）及立法委員。本來三黨針對中央民意代表各黨的名額，乃至在某一選區由何黨代表參選都有協議，結果實際選舉結果與協議名單大有出入，引起許多的紛擾。最後，透過協調、退讓，才平息部分的爭議。而在許多中國共產黨控制的區域，則由於根本無法辦理選舉，雖然根據《國民大會代表、立法委員補充條例》可以在鄰近區域或指定處所辦理選舉，實際選出的名額仍然較法定總額少。

在國民大會代表選舉產生後，第一屆國民大會於民國三十七年 (1948) 三月二十九日召開，四月十八日通過《動員戡亂時期臨時條款》❷，四月

❷ 《中華民國憲法》雖然在民國三十五年底通過，三十六年十二月二十五日開始行憲，不過就在行憲之初，就必須面對戡亂的問題。因為在民國三十六年七月十八日，國民政府通過〈動員戡亂完成憲政實施綱要案〉，正式宣告國民政府以《總

十九日蔣中正順利當選中華民國行憲後第一任總統。副總統有六人參選，競爭十分激烈，歷經四次投票，四月二十九日李宗仁才擊敗孫科當選副總統。五月二十日蔣中正總統就任以後，提名翁文灝擔任行政院長，獲得立法院同意，行憲後的行政機關也告成立。因此，國民政府的時代正式宣告結束，由中華民國政府接掌政府的職權，中華民國的歷史進入一個新的階段。

習　題

一、雙十會談結果，對於中國政治發展，造成何種影響？試說明之。

二、政治協商破裂的形式導火線為何？試討論之。

三、中國國民黨黨籍制憲國代佔絕大多數，為何未根據「五五憲草」制憲？
　　試說明之。

動員法》為依據進行動員戡亂，問題是此一動員戡亂體制在行憲後，便欠缺憲政的依據，因此在三十七年第一屆國民大會代表還沒有選出總統、副總統之前，於四月十八日就制定了《動員戡亂時期臨時條款》，以為動員戡亂時期合法性的基礎。四月三十日更決議通過「全國動員戡亂案」。換句話說，當行憲之後的第一任總統尚未選出，中華民國政府還沒有根據「憲法」組成之前，國民大會已完成憲政體制進入「臨時條款」時代的準備工作（五月十日公布施行）。「臨時條款」根據「憲法」制定的程序制定，制定之初對於憲政體制的修正，乃是在《緊急命令法》未立法的狀況下，「憲法」的緊急命令無法行使，而以「臨時條款」提供緊急處分的依據。雖然「臨時條款」在緊急處分的要件及緊急處分的程序比原來的憲政體制寬鬆，但是仍然必須以行政院的院會通過作為要件。因此，在「臨時條款」制定之初，總統在原本憲政體制的運作規則之外並未擁有其他擴權的途徑。不過，從民國四十九年（1960）開始修改「臨時條款」使總統連任不受「憲法」限制後，總統在體制內開始擴權，並透過其後「臨時條款」的修改，大幅更張體制，尤其是透過國家安全會議（有太上行政院之稱），取得主導國家權利的「憲法」依據。

第二節　戰後初期的臺灣

國民政府的接收

民國三十二年 (1943) 底，中、美、英三國領袖蔣中正、羅斯福、邱吉爾舉行開羅會議，國民政府取得美國的支持，聲明戰後臺、澎將復歸中國。所謂的《開羅宣言》，不是正式的國際條約，並不具國際法上領土轉移的法效力，卻呈現了當時美國及中華民國處理戰後臺灣問題的意向❸。次年，國民政府在中央設計局內設立臺灣調查委員會，由陳儀擔任主任委員，進行接收臺灣的準備工作。

民國三十四年 (1945) 八月十五日，日本宣布無條件投降，日本的臺灣總督府體制喪失統治臺灣的正當性基礎，等待進一步的接收處理。而在十月二十五日根據聯合國最高統帥麥克阿瑟發布的第一號命令，由臺灣行政長官陳儀正式接收，宣告臺灣光復之前，臺灣的政治存在一個真空期。

在此一期間，戰敗的日本統治者態度十分消極，臺灣省省民在原有的行政體系之外，也自動組成一些維持秩序的組織，以替代日本臺灣總督府統治體制的部分功能。在這段期間內除了少數地區發生小規模騷亂之外，臺灣的社會治安維持並沒有發生重大問題。大部分的社會菁英和人民對於祖國的接收及未來，抱持著相當的期待。認為無論在政治、經濟、社會各個方面都可以脫離過去殖民地的陰影，而有更好的發展空間。

但是，戰爭期間的管制解除以後，由於空襲的破壞以及物資的短缺，不但恢復需要相當的時間，通貨膨脹的壓力也難以有效消除。在一片勝利聲中，事實上已經存在亟待解決的一些問題。

---

❸ 戰後由美國主導的受降、接收地域的劃分，便在《開羅宣言》、《雅爾達密約》（也不是國際法上的條約）的影響下進行。

圖 28　民國三十四年十月二
十五日於臺北中山堂舉行中國
戰區臺灣省受降典禮

「回復國籍」及其發展

　　民國三十五年 (1946) 一月二十日，臺灣省行政長官公署根據一月十二日行政院的命令，公告臺灣省省民自民國三十四年 (1945) 十月二十五日以後回復中國國籍。根據國際法，領土的轉移，並不只是以接收、佔領為其合法之要件，而必須根據一個正式的國際條約，由於當時對日和約尚未簽訂、生效，當國民政府進行此一國籍的宣告之時，便引起英、美等國的抗議，時任外交部長的王世杰更為此與臺籍民意代表黃國書有書信討論。而英國外交部更致函中華民國駐英大使館：「關於臺灣島之移轉中國事，英國政府以為仍應按照一九四三年十二月一日之《開羅宣言》。同盟國該項宣言之意不能自身將臺灣主權由日本移轉中國，應候與日本訂立和平條約，或其他之正式外交手續而後可。因此，臺灣雖已為中國政府統治，英國政府

歉難同意臺灣人民業已恢復中國國籍。」❹值得注意的是，國民政府前述回復臺灣人民中國國籍的命令，只是針對臺灣島內的臺灣人（具有日本國籍），對於旅居在外的臺灣人並不適用，而認為後者有國籍選擇權。

接收之初的臺灣省的體制

而國民政府則在民國三十四年 (1945) 八月二十九日任命陳儀擔任臺灣行政長官，並在九月一日公布《臺灣省行政長官公署組織大綱》。這使得臺灣與中國大陸各省的體制不同，並不設省政府，而代之以行政長官公署。同時，在組織大綱中也明白地規定，臺灣行政長官可以制定臺灣的單行法規，這也是後來臺灣省的各項行政措施與中國大陸各省迥然不同的重要依據。兼任臺灣省警備總司令的陳儀，因而集臺灣行政、立法、軍事大權於一身。

由於在日治時期，臺灣總督府在《六三法》體制下，配合總督的行政裁量權，抑制臺灣本地人民在經濟上的發展，加上戰爭期間種種更嚴厲的統制措施，使得臺灣本地的產業大部分不是日資企業，就是由總督府所主導的「國策」產業，許多臺灣本地人民的投資也必須附屬在日本資本之下。透過行政長官公署接收日產，臺灣主要的產業，特別是工業部門，大多轉換成省（國）營事業。而日本官方及民間在臺灣所取得的其他龐大資產，也被臺灣行政長官公署接收，成為省（國）有財產。

臺灣住民的期待與陳儀的施政

臺灣在日治時期，經濟已有相當的發展，透過接收的程序，國家資本相當發達。而陳儀個人也採取發達國家資本、節制個人資本的經濟政策，認為此一路線，將可建設臺灣成為三民主義的模範省。

而陳儀為了維持臺灣與中國大陸各省不同的經濟體制，並減少中國大陸既有財經體制對臺灣經濟的衝擊，甚至在民國三十四年 (1945) 十一月正

❹　參見林滿紅，〈界定臺灣主權歸屬的國際法——簽訂於五十年前的「中日和約」〉，《近代中國》第一四八期，頁 64。

式通告嚴禁中央政府的法幣在臺灣流通，而在臺灣必須使用臺灣銀行發行的貨幣。不過，此一區隔的效果是有限的，透過匯兌，臺灣銀行仍然必須增加臺幣的供給，來兌換法幣。一旦中國大陸的貨幣幣值不穩定，乃至後來發生嚴重的財經危機，臺灣根本不可能免於受到波及。

在另一方面，剛剛脫離日本殖民地統治的臺灣省省民，有的期待取回被臺灣總督府體制吸納的財產，有的期待可以有更佳的投資機會，以便在經濟舞臺上一展身手。而在接收及以後的經濟政策上，他們的期待受到了相當的挫折。同時，無論在行政部門或省（國）營企業，由於語言的隔閡，不諳國語的臺灣省省民也失去許多發展的機會。

經濟方面，陳儀將日本官民在臺灣的龐大資產，接收為省（國）有財產，沿襲日治時期的統制經濟，採取專賣制度，打壓私人企業。陳儀的經濟統制政策，無法有效促成經濟復甦，加上公營企業經營不善，以及大量物資運往中國大陸，導致物價上漲嚴重，這與臺灣住民的期待之間，出現嚴重的落差。

接收問題所衍生的衝突

由於前述的經濟政策，已經使陳儀和臺灣省省民的看法之間，產生相當大的歧異。臺灣省省民在經濟上活動的空間，大受影響。甚至之後二二八事件的導火線——私煙取締事件，也必須放在陳儀經濟統制政策的架構下來理解。

除了經濟層面以外，政治層面的問題也不少。當時，陳儀的用人政策，對於臺灣住民的參與並不重視。而以來自中國大陸的各省人士較佔優勢，在高層行政部門更是如此。而一般的臺灣社會菁英，受限於語言及教育背景，也很難循正常的行政管道進入政府部門服務，更難升入高級行政層級。根據統計，當時擔任公職的臺籍人士只有日治時期的 21%。加上大陸籍官員的牽親引戚，導致冗員充斥；「同工不同酬」的薪給制度和日治時期相類，尤與臺灣本地菁英原有的期望落差甚大。而由中國大陸來臺的公務人員，又常以勝利者、統治者自居，視臺人為被統治者，而引發不滿。

同時，接收之初由於來臺部隊水準並不如青年軍，軍紀不良。負責接收的官員中，亦有把中國大陸官場不良習性帶到臺灣的。如是，從接收到其後的一般行政，陳儀主政下的臺灣，弊案頻傳，使得原本對回歸祖國抱持熱切期待的臺灣省省民感到失望。

而在接收以後，未針對臺灣已被日本統治五十年的特殊情況進行處理，也是導致衝突的另一個原因。陳儀既在民國三十五年 (1946) 一月二十日公告臺灣省省民自光復日起恢復國籍，便應理解之前其為日本國民的事實，卻仍然早在一月十五日便公布《臺灣省漢奸總檢舉相關規程》。站在官方的立場，過去為日本政府作特殊服務的國民進行懲處固是理所當然。不過，對於過去身為日本國民，未採取抗日行動，而被日本政府動員，或曾經由日本政府安排擔任官方職務的一般臺灣省省民而言，心境則大不相同，若是再未能明確了解漢奸懲處的對象，人心浮動也是難免❺。

文化磨擦的問題

加上臺灣既歷經日本五十年的統治，人民的生活、文化自然帶有日本色彩。而中國歷經八年抗戰，一般軍民在國民政府蔣中正主席「以德報怨」的政策下，仍然不免有仇日的情緒。因此，負責接收以及其後行政的官員，對臺灣既有的語言、文化，便多少抱持敵視的態度❻，亟於加以改變，而完全未注意到臺灣省省民的適應問題。而且，臺灣省省民在日治時期（特別是後期更是明顯），除了臺灣話（閩南語、客語等）之外，只能學習日語，來自中國大陸的行政官員與省民的溝通甚至透過文字也不容易。

另一方面，廢止臺灣日文報刊的發行，對於接受日本教育的一般臺灣省省民而言，既無法迅速熟悉中文，又無法再透過日文接受資訊或進行文

---

❺ 監察委員丘念台即積極遊說國民黨高層，力主漢奸的概念不適用於日本統治時代的臺灣，降低此一問題在臺灣的衝擊。

❻ 此處的文化指涉的是經歷日本殖民統治之後臺灣人民生活所展現的面貌，而語言則係一般使用的語言，未必指涉文字。當時接收及治理臺灣的官員之態度，可以參見賴澤涵、馬若孟、魏萼著，羅珞珈譯，《悲劇性的開端》，頁84–85, 124。

化活動，則無可避免地造成文化的斷層。

　　而負責治理臺灣的官員歷經抗戰，多少有仇日的情緒❼，對受到日本文化影響的臺灣省省民的生活、文化自然有所不滿。臺灣省省民在日治時期，雖受到殖民統治，但是在文官總督期間，便大力推展公教育系統。其後為了日本軍國主義總動員的需要，伴隨著皇民化政策，又全面推動義務教育。其用心本是為了配合軍國主義，卻同時提高了臺灣普遍的教育水準。以基礎教育的就學率而論，1943 年超過 70%，1945 年達到 80%，在亞洲已名列前茅❽。加上對於部分政府官員施政乃至操守的不滿，文化的磨擦便難以順利化解。

二二八事件

　　民國三十五年 (1946) 底，雖然政府的領導人並沒有意識到，中國大陸的經濟、軍事情勢已有轉壞的趨勢。而在這個時空背景下，臺灣的經濟情況也日趨惡化。特別是在民國三十六年 (1947) 一月，臺灣的市場運作也狀

---

❼　根據學者的研究指出，當時來自中國大陸的「外省人認為，由於臺灣人接受令人憎恨的敵國（日本）文化之故，他們已經走入歧途」。而「國民政府的人，不但不認為臺灣人是經由日本人現代化訓練出來的學者專家，反而認為他們……由於浸染於日本文化過久，在道德上已經受到了毒害」。參見《悲劇性的開端》，頁 85, 99。

❽　李筱峰利用臺灣行政長官公署的資料，對就學率有深入的比較。參見李筱峰，〈戰後初期臺灣社會的文化衝突〉，《思與言》29 卷 4 期（民國八十年十二月），頁 194。

單位: %

年　期	1929	1930	1931	1932	1933	1934	1935	1936
臺　灣	31.1	33.1	34.1	35.9	37.4	39.3	41.5	43.8
大　陸	17.1	22.1	22.2	24.8	24.8	26.3	25.9	43.4

年　期	1937	1938	1939	1940	1941	1942	1943	1944	1945
臺　灣	46.7	49.8	53.2	57.6	61.6	65.8	71.3	76.0	80.0
大　陸					44.0	57.5	62.0	60.0	61.0

另參見《悲劇性的開端》，頁 67–69, 284–285。參見胡頌平編著，《胡適之先生晚年談話錄》，頁 303。

況頻傳，尤其是各地的米價暴漲，糧食供給短缺，更引起人心惶惶。

面對此一情形，陳儀一方面在一月二十四日聲明將設置經濟警察，以取締有關不法糧食及違反專賣規定的行為，另外則在二月一日開始透過糧食局拋售五萬噸的米。但是成效則非常有限，難以解決存在的危機。

而就在此一人心浮動的時期，前述自光復以來潛在的衝突危機，以二月二十七日查緝私煙事件為導火線，便爆發了二二八事件。

本來在二月二十七日最早只是專賣局查緝員與賣煙的婦人林江邁之間的爭執而已，卻由於查緝員打傷林婦引起圍觀群眾的不滿，而在進一步的衝突中，查緝員又打死一名民眾，遂引發群眾事件。而由於翌日行政官員無法安撫民眾的情緒，整個事件遂向全臺灣各地蔓延，造成二二八事件。

而隨著事件的發展，以民意代表、地方仕紳為骨幹，臺灣各地紛紛組成處理委員會，一方面試圖匯整民間的意見，一方面則嘗試和官方溝通事件解決的辦法。其中以在臺北市成立的「二二八事件處理委員會」在當時最具代表性，影響力也最大。臺北以外的二二八事件處理委員會，基本上則可視為地區分會。而高雄市的處理委員會與要塞司令彭孟緝的溝通，由於三月六日彭氏槍斃了部分前往談判的代表，又派兵攻進市政府，成為最早被解決的處理委員會。

在整個二二八事件過程中，被提出的政治訴求，以臺北市的處理委員會於三月七日提出的「三十二條處理大綱」（後在混亂中又追加十條）最具代表性。而整個條文，基本上則是以要求臺灣高度的自治作為核心訴求。

不過，隨著三月八日憲兵第四團及整編二十一師抵達基隆，進而進行鎮壓，國民政府很迅速地便恢復官方在臺灣的統治地位。

事件的善後及其問題

二二八事件發生之初，主要是民眾對行政長官公署及其他政府部門的不滿，許多來自中國大陸的公務人員遭到攻擊，並且也波及外省籍的民眾。其中大部分是遭到毆傷，也有一小部分死亡。不過，在事件發生的數天後，大體上社會秩序已經初步恢復。

圖 29　黃榮燦木刻版畫「恐怖的檢查」，描繪軍隊
在二二八事件期間的血腥鎮壓，作者本人最後也
死於 1950 年代的白色恐怖

　　其後，政府軍登陸後展開的行動中，則造成許多臺灣社會菁英及民眾
的傷亡。雖然中央政府及陳儀都曾要求嚴禁報復，卻有軍事機關未把逮捕
的人犯移送法辦，而逕自行刑，估計死亡的臺灣民眾超過萬人。此一狀況
至六月都沒有解決，甚至使當時的閩臺監察使楊亮功再下令要求臺灣省政
府貫徹辦理。而參謀總長陳誠雖然表示根據《戒嚴法》的規定，二二八事
件的戒嚴令下，有關「涉案人」不應受軍法審判，但不為國民黨蔣中正主
席所接受。

　　當時，外省籍公務員及民眾的損失，政府曾經作過調查及補償。但是
針對二二八事件受難者的進一步善後，則遲遲未展開。而在清鄉之後，同
年七月國民政府下令動員戡亂，在低沉的政治氣壓下二二八事件遂成為禁
忌，有受難者家屬被禁止出國。臺灣人對政治轉趨冷漠，流亡海外的政治
菁英如廖文毅等人轉而主張臺灣獨立。數十年間，政府拒絕公布二二八事
件真相，也無人敢研究討論。民國七十年代才有立委質詢，七十六年民間
成立「二二八和平日促進會」，行政院則於七十九年成立「二二八事件專案
小組」，此後二二八事件的調查、研究日漸受到重視。民國八十四年 (1995)
由李登輝總統以國家元首的身分道歉。同年，對於受害的民眾，立法院也

通過立法，予以補償。

事件的影響

　　二二八事件告一段落後，奉命到臺灣擔任宣撫工作的白崇禧，三月十七日抵臺當天便發表政府對二二八事件的處理原則 ❾。其中大部分成為後來臺灣政治體制調整的方向，影響甚大。

　　首先，除了廢除行政長官公署，改設臺灣省政府，並提前舉行縣市長選舉。這也是立法院在民國八十三年 (1994) 完成地方自治的立法工作之前，臺灣便已經進行四十多年縣市長選舉的由來。

　　其次，則是臺灣省政府人事儘先選用本省籍人士，同一職等的本省籍公務員與外省籍公務員待遇平等。

　　再者，縮小原有公營事業的範圍，使私人經濟活動的範圍得以擴大。

　　而改組後的第一任臺灣省主席，則由文人出身的魏道明出任，同時本省籍的社會菁英，有七位被延攬擔任省府委員。換言之，二二八事件以後，臺灣省的省政確實有所改良，只不過其代價十分昂貴。

習　　題

一、國民政府接收臺灣之後，臺灣國家資本發達的原因為何？試討論之。

二、國民政府接收臺灣之後，何以會產生文化磨擦問題？試分析之。

三、二二八事件以後，臺灣省政有何變革？試說明之。

❾　其提出的改革主張包括：㈠在地方政治制度方面，包括成立省政府，省主席不兼任警備總司令，並且提早進行臺灣各縣市長的民選。㈡而在地方人事任用制度上，強調省政府跟各廳處長可以盡量先選用臺籍人士，而在政府以及相關事業機關的職員，則強調不分省籍只要同一職務或官階，待遇一律平等。㈢在經濟政策上，強調儘量縮小在臺灣民生工業的公營範圍，同時針對臺灣行政長官公署採取的統制經濟與國民政府相關法令制度抵觸的部分，則強調要修正或廢止。而在後來楊亮功提出的二二八事件調查報告中，也可以看到部分類似對陳儀施政的批評或是改革意見。

第三節　剿共失敗與中國大陸撤守

蘇聯劫略東北與扶植中共

民國三十四年 (1945) 二月，美國總統羅斯福、英國首相邱吉爾和蘇聯領導人史達林 (J. Stalin) 簽訂國際法效力迄今仍有爭議的《雅爾達密約》。其內容嚴重傷害中國在外蒙的主權，以及在東北的權益。而國民政府蔣中正主席直到五月才透過美國大使赫爾利 (P. Hurley) 的密告，知悉其內容。為了解決後續的問題，並希望取得蘇聯對國民政府善意的回應，歷經折衝，於八月十四日國民政府同意簽署《中蘇友好同盟條約》。透過此一條約，使蘇聯得到《雅爾達密約》中有關中國（東北）的利益。

事實上早在條約簽訂之前，蘇聯已經對日宣戰，並出兵內蒙及東北。日本投降以後，蘇聯不僅取得大量的工礦機器設備，也掌握日本關東軍龐大的軍備。結果，蘇聯未依約於十一月撤出東北，反而多方阻撓國軍接收，並在民國三十五年 (1946) 五月軍隊撤出前，協助林彪的軍隊控制東北部分地區，更先後將二十萬人的裝備轉移給中共軍隊。這對中共勢力在東北地區的鞏固與擴張，有關鍵性的幫助。而此一發展也鼓舞了毛澤東，促使他在政治解決方面採取更強硬的立場。

接收的問題

蘇聯在東北的行動，對於國民政府的接收造成相當大的困擾。不過，國民政府在其他地區的接收工作並未受到太大的阻撓。然而，不當的接收政策及行政措施，卻對國民政府造成若干不利的影響。

特別是對於一般淪陷區的人民而言，由於貨幣的兌換問題，令其在勝利之後立刻感受到嚴重的經濟損失。其中最顯著的例子，便是要求人民以二百比一的比率，將汪精衛偽政權發行的貨幣兌換成國民政府發行的法幣。而之前在日本支持的汪精衛偽政權的命令下，人民才被迫以二比一的比率

將法幣兌換成所謂的「偽幣」。

此一政策對淪陷區的人民十分不利,自然引起他們對國民政府的反感。事實上此一政策並非孤立的事件,國民政府往往不能體認留在淪陷區人民的處境,因此,一些留在淪陷區服務的教授與醫生,便遭到許多困擾,政府不承認其資格者,亦有所聞。至於偽軍則因未被政府收編而投共者,亦頗有可觀,這對日後的剿共而言,實為不利的因素之一。

馬歇爾調停的失敗

而美國為了調停國共衝突,杜魯門總統派馬歇爾來華,積極圖謀以政治手段解決戰後中國的爭端。但是,馬歇爾雖然能以美援向國民政府施加壓力,迫使國軍在軍事的優勢下停止攻勢(如民國三十五年 (1946) 六月東北的戰事即是一例),對於中共並無相對有效的籌碼可供運用,以迫使中共方面作重要的讓步。

因此,對武力解決抱持樂觀看法的部分國民政府領導階層,很容易感覺馬歇爾是最後勝利的障礙。而中共方面則又批評美國持續援助國民政府,並要求美軍完全撤離中國。加上民國三十五年 (1946) 年底所謂的「沈崇案」發生,在中共策動下,一時之間中國各地出現反美風潮。

至此,馬歇爾的任務遭到根本的挫折,杜魯門下令其返美。而日後馬歇爾出任國務卿,由於不良的調停經驗,對中國事務轉趨消極。這對中共方面固然無足輕重,而對熱望美國援助的國民政府而言,則是一大挫折。

戰局的逆轉

本來民國三十五年 (1946) 年中以後,國民政府在打打停停之間大體上維持軍事的優勢。次年三月胡宗南攻下延安,當時更被視為關鍵性的勝利。

但是,隨著收復地區的擴大,國軍為了防衛新收復的地區,直接可參加戰鬥的軍力則相對減少。同年五月,中共與蘇聯簽訂《哈爾濱協定》,蘇聯大力援助中共。十一月美國雖然也恢復對國民政府的援助,直接用於軍事者卻不多。而民國三十六年 (1947) 六、七月,各地的中共軍隊採取攻勢。

國民政府則在民社黨、青年黨及民主同盟等「第三方面」調停失敗後，於七月宣布全國總動員戡亂。

不過，情勢對國民政府已經轉趨不利，特別是民國三十六年 (1947) 底、三十七年 (1948) 初，東北的戰局遭到重挫，國軍僅能控制瀋陽、長春與錦州的三角地帶，後來三個主要據點之間的連繫，甚至被切斷。但是基於政治的理由，國民政府拒絕美國顧問的建議，而未將四十萬的精銳部隊撤離。最後在三十七年 (1948) 底，林彪的部隊控制了整個東北，東北的國軍幾乎完全損失。

就在東北戰局不利之時，中共在山西、山東都取得優勢。東北淪陷之前，華北國軍駐守的重要據點，也僅剩北平、天津和太原。而就在東北最後決戰之時，關係中國大陸政局轉移最後的大戰役——徐蚌會戰——亦正式展開。而由於嚴重的雨雪導致機械化部隊行動困難，國軍制空的優勢亦大打折扣，最後，在補給困難及中共武力的攻擊下，民國三十八年 (1949) 一月徐蚌會戰結束，國軍又告失利。同時，平津一帶國軍的統帥傅作義，也在一月投降。四月，太原也告失守，官方宣稱山西省代主席梁敦厚等多名文武官員自殺，而有「太原五百完人」之稱❿。

蔣中正總統的引退

在民國三十七年 (1948) 底戰局不利之際，行政院長孫科明白表示，用兵的目的乃為追求和平。而手握重兵的華中剿匪總司令及湖南省主席程潛通電主張和談，更使政府幾乎已無再戰的可能。因此，蔣中正總統便於民國三十八年 (1949) 的元旦文告中，向中共提出和平的呼籲。而一月十九日美、蘇、英、法各國拒絕政府希望幹旋和局的要求，行政院同日決議：要求中共先無條件停火，以進行和平談判。次日，中國國民黨中央政治會議通過行政院的決議，和談成為正式政策。而蔣中正總統則於二十一日宣布下野，由副總統李宗仁任代總統⓫。

---

❿ 由於其中多人並非政府官員，「太原五百完人」宣傳的意義遠大於史實，故民國一〇二年 (2013) 臺北市政府取消原有的紀念儀式。

在下野之前，蔣中正總統對於和談便沒有信心，而他之所以表示願意和談與其後的下野，多少是迫於外在情勢。因此，在下野之前他便進行新的人事布署，其中最攸關其後臺灣發展的，則是在民國三十七年 (1948) 十二月二十九日任命時在臺灣養病的陳誠出任省主席❷。而在下野前後，他也積極推動將中央銀行的現金、黃金轉移到臺灣。由於下野以後，他仍以中國國民黨總裁的身分擁有相當大的影響力，李宗仁代總統亦無法將該批財物運回中國大陸。而這些財物對於民國三十八年 (1949) 以後臺灣情勢的穩定，提供相當助力。

和談的失敗

但是在局勢轉趨對中共有利之時，中共方面根本無意於平等的和談。民國三十七年 (1948) 十二月二十五日新華社首先公布了以蔣中正總統為首的四十三名戰犯名單。民國三十八年 (1949) 一月十四日，更提出包括懲辦戰犯在內的所謂和談八項條件。而縱使李宗仁代總統同意以此一逼降的八項條件作為和談的基礎後，中共方面則先於二月三日拒絕中華民國政府代表團赴北平，七日、八日連李宗仁委曲地派所謂的私人代表赴北平商談的建議，亦拒絕接受。

最後，李宗仁請與毛澤東有私誼的顏惠慶、章士釗以民間和平使者身分北上，於石家莊會見毛澤東以後，中共才表示願意和談。而當四月和談在北平展開之時，中共方面再三宣稱一定「要解放全國」。而在四月十三日

---

❶ 關於李宗仁當時的職銜及「憲法」上的意義，有待進一步依據憲法學理進行研究。此處的代總統則係通稱，參見中國國民黨黨史會編印，《中國國民黨九十年大事年表》，頁 434–441。

❷ 此時蔣中正總統的人事安排包括東南沿海、西南，還有四川等地的軍政長官，只是後來中國大陸各地陸續失守，只有臺灣發生關鍵性的作用。而且陳誠就任臺灣省主席，對外宣稱：「臺灣是剿共最後的堡壘與民族復興之基地」，接到陳誠相關發言的報告後，蔣介石以中華民國總統的身份，發電報指示陳誠治臺的方針，特別批評陳誠的說法是不對的，因為「臺灣在對日和約未成立前，不過為我國一託管地帶性質」。

正式會議中，周恩來提出「和平協議草案」，要求中共軍隊開始接收政府既有的轄區。並在稍加修改後，即要求政府的代表接受。此種幾近投降的和議，連當初大力主張和談的白崇禧，都強力要求李宗仁拒絕。面對中共強勢逼降以及內部的反彈，李宗仁乃下令召回代表團，不過代表團成員則未撤回，反而集體於北平投共。

戡亂戰事的持續失利

和談破裂後，四月二十一日中共人民解放軍分別於安徽荻港、江蘇江陰渡江，此後國軍節節敗退，人民解放軍則於二十三日入南京，五月三日進入杭州，十六日佔領武漢，十九日佔領九江，二十一日再佔南昌，二十七日佔領上海。此後情勢越趨不利，八月三日長沙綏靖公署主任程潛投降，美國則於八月五日發表《對華白皮書》，民心士氣再受重挫。而在西北方面，人民解放軍在五月二十日佔領西安，六月擊敗試圖反攻的政府軍後，七月至十月間，消滅甘肅、寧夏、青海的回軍，進而佔領迪化，控制整個西北。

而從七月起，已經下野的蔣中正則以國民黨總裁的身分，試圖調兵遣將希望能守住西南。其中除調動陝西南部的胡宗南部進入四川外，也要求湖南南部的白崇禧率所部進入貴州，而白崇禧則率部南下希望守住廣西。十月一日，中共宣布中華人民共和國成立，人民解放軍於十月十五日佔領廣州，十一月下旬在粵桂之交擊潰白崇禧部，次月佔領廣西。十二月九日四川、西康、雲南的鄧錫侯、劉文輝、盧漢投共，蔣中正則赴臺北。而在民國三十九年 (1950) 三月二十七日，中華民國政府在大陸最後的軍事據點西康西昌易手，自渡過長江，十一個月間，中共軍隊佔領了整個中國大陸。其間，中華民國國軍只有在十月二十四日到二十六日的金門古寧頭戰役中擊敗人民解放軍，成功守住了金門 ❸。

中華民國政府遷臺

南京失守前，中華民國政府即遷往廣州，而西方各國對於中華民國政

---

❸　參見郭廷以，《近代中國史綱》，頁 788–790。

府是否能作為中國的代表，採取觀望的態度。如美國大使司徒雷登就沒有隨中華民國政府遷移，反而期待與中共政權進行接觸、協商，然因中共政權採取對蘇聯一面倒的政策，遭到挫折。而此一發展使中華民國政府失去中國大陸以後，仍在國際舞臺擁有相當的空間。至於美國於八月五日發表《對華白皮書》，對國民黨政府的作為展開強烈的批評，使中華民國政府的處境更是雪上加霜。十月一日，中共宣布中華人民共和國成立，中華民國政府則由廣州遷往重慶，再遷成都，於十二月七日宣布遷到臺灣，九日行政院開始在臺北辦公。

中國大陸撤守的其他原因

前面已經從接收問題、國際情勢、軍事各方面分析了國共雙方力量消長的原因。在此，則擬進一步分析其他導致此一結果的重要原因。

首先，是政府的部分領導官員，心理上過分依賴美援。因此，為了取得美援，政府的政策並不穩定。而在美援久盼不來，尤其是美國發表《對華白皮書》以後，更是感覺失去依恃。此一心理對於整個戡亂戰爭的發展，是一個不利的心理因素。

而更重要的心理因素，則是歷經八年抗戰以後，民心固然渴望和平，許多將領及軍隊亦欠缺再戰的心理動員，這對戰局的持續，自是不利的因素。相對於此，中共則在八年抗戰期間居於第二線，又乘機擴大實力，戰爭結束之時，並無久戰厭戰的問題，因此有利於其戰事的進行。

其次，經濟問題也是政府失利的重要原因。政府領導階層由於一開始對戰事發展十分樂觀，加上認為中國大陸大抵上是農村經濟，具有較佳的通貨膨脹承受力。但是，戰事的拉長，加上因為作戰急速增加的政府支出，使情勢的惡化遠超過原本的預期。結果從民國三十四年 (1945) 到三十七年 (1948)，平均每個月物價上漲 30%。民國三十七年八月十九日，為了挽救經濟財政危機，遏止嚴重的通貨膨脹，政府推動金圓券改革，限於九月三十日，收兌法幣及東北流通券，人民不得持有黃金、白銀、外幣，持有者必須於十二月三十一日前兌換金圓券，而以三百萬法幣兌換一元金圓券，並

規定所有物價以八月十九日為準。但是財政經濟的相關改革措施，以新幣制代替舊幣制為主，自然成效不彰。而政府強制管制物價的措施在欠缺外在政經條件的配合下，於十月三十一日宣告放棄，十一月十一日允許人民持金、銀、外幣，及外幣流通。至此金圓券改革失敗，守法以金、銀、外幣兌換金圓券的國民損失最大，嚴重影響其向心力。民國三十八年七月，政府在廣州推動類似金圓券的銀元券改革，但是人民對此並無信心，不久銀元券幾成廢紙。

　　而從民國三十七年 (1948) 八月到次年四月，單單紙鈔的發行便增加四千多倍，而上海的物價指數更飛升了十三萬多倍。通貨膨脹及財政政策的失當，使人民的生計大受影響，更嚴重傷害了人民對政府的信心，此點特別在城市及薪水階級中尤為明顯。

　　除此之外，偏遠地區的民變與城市的學潮對政府的剿共，亦造成若干不利的影響。特別是在城市中的學潮，由於執政者提不出有效的化解之道，更對政府的形象造成相當大的損害，進而影響了戡亂戰爭的正當性。

習　題

一、抗戰勝利接收時的貨幣政策，為何造成淪陷區人民的反感？
二、國軍與共軍在東北、華北、徐蚌的戰局，最後結果為何？試說明之。
三、蔣中正總統下野之前，對於臺灣情勢，作了何種安排？試討論之。

第八章　臺海兩岸的對峙與交流

第一節　臺灣的建設與成就

陳誠治臺

　　蔣中正總統引退之前，陳誠接掌臺灣省政府是其最重要的人事安排之一。雖然，陳誠擔任臺灣省主席的職務不到一年，但是民國三十八年 (1949)以後臺灣發展的重要方向，特別是中華民國政府遷臺之後的統治基盤則是在其任內奠定的。

　　陳誠的任內之所以能有如此的成就，與其所擁有的權限有相當的關係。他除了於民國三十八年 (1949) 一月五日接任省主席之外，二月一日兼任臺灣警備總司令，三月奉命監督、指揮中央駐臺各機關的人員，五月更兼任中國國民黨臺灣省黨部主任委員，一手掌握臺灣的黨、政、軍大權，這對臺灣省主席而言，可謂是空前絕後。加上歷經民國三十六年 (1947) 二二八事件以後，臺灣的政治、社會菁英在事件的陰影下，對於省政的發言權，已相當自我抑制，使得陳誠的意志更得以貫徹。

　　其中，自五月二十日開始實施的戒嚴，使臺灣從此進入長達三十八年的戒嚴時期。而戒嚴體制也成為戰後臺灣憲政體制的最主要特色，限制了臺灣政治發展的速度、方向與範圍❶。至於二月四日宣布的「三七五減租」，

---

❶　之前於民國三十七年 (1948) 十二月十日，蔣中正總統根據《動員戡亂時期臨時條款》之規定，經行政院會議決議後，宣告除「新疆、西康、青海、臺灣四省及西藏外」，全國戒嚴。而陳誠頒布「臺灣省戒嚴令」之初，則未完成法定的程序。民國三十八年八月十六日，陳誠擔任長官的東南軍政長官公署以「三十八年署檢

在陳誠強力推動下，縱使省參議會主要由地主階層主控，亦無力反對，進而成為臺灣土地改革的先聲。土地改革的結果，除了提供後來經濟發展的動力外，同時透過土地改革也使得中國國民黨主政的政府，取得在臺灣統治的重要正當性基礎，也得到農民的支持。

而六月十五日的新臺幣改革，開啟了新的貨幣階段影響深遠。此一政策在當時對於舒緩臺灣被捲入中國大陸經濟風暴所引發的通貨膨脹有相當程度的效果，但是此一效果之所以產生並不是因為四萬元舊臺幣換新臺幣一元這種單純面額的改變，更重要的是，臺灣貨幣供給額的控制基本上必須切斷與中國大陸的匯兌關係，以及臺灣銀行不再藉增加通貨發行墊付中央政府各項墊支款項，才得以根本解決。因此就在新臺幣幣制改革的第二天，陳誠主政下的臺灣省政府下令停止與中國大陸金圓券其他貨幣的匯兌措施，也正式切斷臺海兩岸的財經聯繫管道，這也成為雙方此後近四十年經貿關係的基調。

黨的改造

在民國三十八年 (1949) 以前，蔣中正總裁雖然是黨、政、軍實質的領袖，但在中國國民黨的權力結構中依然有 C.C. 派 ❷、政學系 ❸ 及黃埔系等

亥冬電呈行政院」，要求將臺灣（納入全國戒嚴令）劃為接戰地域。行政院則於十一月二日決議通過，並由代行總統職權的行政院長閻錫山，於民國三十八年十一月二十二日以「卅八渝二字第三八六號」咨請立法院「查照」。十二月二十八日遷臺北辦公的行政院再通知臺灣省政府，同意將臺灣省劃歸接戰區域，而臺灣省政府在民國三十九年 (1950) 一月六日公告並通知各單位。立法院則將查照案改為根據《戒嚴法》的程序審查，於民國三十九年三月十四日第五會期第六次會議議決「予以追認」，並由代院長劉健群咨請行政院及「復行視事」的蔣中正總統查照。行政院在收到立法院的咨文後，即「令知」國防部、司法行政部及臺灣省政府等機關。

❷ "C.C." 是國民黨的一個派系，關於其起源及解釋至今猶未全然釐清，但大體上，這是以陳果夫、陳立夫兄弟為首，站在支持蔣中正的立場，長期掌控國民黨黨務系統的派系。以致曾經有過所謂「蔣家天下陳家黨」的說法流傳於坊間。

派系。各個派系之間利益雖不一致，但卻都對蔣中正總裁效忠。但是，面對中共強力的挑戰，中國國民黨內部步調不一，加上在中國大陸的失利，使得蔣中正總裁對於原有的黨機器及運作方式的信心大減，而提出中國國民黨改造的主張。

　　當民國三十八年七月中國國民黨中央常務委員會通過改造案後，為了怕立即造成黨的分裂，而決定先不實施。次年七月二十二日，在美國於韓戰後介入臺灣海峽，實施所謂「中立化」政策，臺灣直接面對中共政權武力的危機暫告解除的歷史背景下，中央常務委員會通過「中國國民黨改造方案」。蔣中正總裁在安排人事時，遴選了陳誠、蔣經國等十六人為中央改造委員會委員，過去負責黨部組織的陳果夫、陳立夫等 C.C. 派領導人並不在內。同時，蔣經國奉命擔任幹部訓練委員會主任委員。這是蔣中正總裁

自國民政府時期，直到中華民國政府遷臺之前，"C.C." 不但掌控國民黨的組織部門，在文化學術界及特務安全單位也有相當影響力，如邀集學界中人成立中國文化建設協會，亦長期支配國民黨中央執行委員會調查統計局（簡稱中統）之運作。作為國民黨內的一個派系，"C.C." 與國民黨內其他派系有激烈的鬥爭，而以其能掌控黨務部門及基層組織，較佔上風。因而蔣中正亦往往培植其他派系以抗衡之，如以戴笠為實際領導者之軍統（軍事委員會統計局），即與中統有激烈衝突。

在國民黨來臺後，C.C. 領袖，陳果夫逝世，陳立夫流亡美國，故其力量已消弭，但於國會部門仍有相當席次，有一定影響力，特別是在民國四十至六十年代的立法院中扮演一定程度反對派系的角色。

❸ 政學系：北洋軍閥時代及國民黨統治時期的政治集團。在黎元洪繼袁世凱為總統後，國會恢復，時段祺瑞為總理，擬參加第一次世界大戰，黎反對之，釀成「府會之爭」。國民黨中如李根源、谷鍾秀等組成之政學會則支持對德宣戰，漸次形成所謂政學系。彼等曾與滇桂軍閥共同反對孫中山，產生一定現實影響。至國民黨統一中國後，黃郛、楊永泰、張群及熊式輝等相互提攜，支持蔣中正，各自擁有一定政治地位。

此系並無固定組織，成員亦複雜，如陳儀、吳鼎昌等均為其要角。因此，一般所謂政學系成員，大多指在楊永泰、張群、熊式輝（此三人一般稱為「政學系」三巨頭）手下任職或與之關係密切之政治人物。因無固定組織，故與國民黨其他派系衝突時，較屈下風。但以彼等大都為受過現代教育之官僚，有一定社會聲望及行政能力，亦頗受蔣中正重用，在當時的現實政治環境中有一定的影響力。

直接建立其對黨機器的領導權，而蔣經國則透過幹部組訓工作，奠定其日後接掌黨機器的重要基礎。

結果，直到民國四十一年 (1952)，黨的改造工作大體完成，原本派系林立的黨組織，轉化成以組織為核心的「革命民主政黨」，並貫徹「以黨領政」、「以黨領軍」的精神，成為以蔣中正總裁作為領袖，建立強人威權體制的基礎。而蔣經國透過主控前述的幹部組訓工作，負責情治單位的整編、統合，以及軍中政戰體制的建立與救國團的成立，逐漸有接班的準備。陳誠去世以後，他的接班更是明顯。

而整個黨的改造，則奠定了日後蔣中正總裁、蔣經國相繼領導的中國國民黨在臺灣的主政地位，和臺灣基本的政治格局。雖然對此的歷史評價，仍存有未來進一步研究斟酌的空間，不過，此一行動對於臺灣政治的長期穩定，確實有相當正面的功能。

以安定為前提的政治體系

就在進行中國國民黨的改造工作之前，已經下野的蔣中正總裁，面對臺灣瀕臨中共政權武力犯臺的危險，以及民意機關的敦請下，於民國三十九年 (1950) 三月宣布復職行使總統職權。此後，蔣中正總統便一直擔任總統一職，直到民國六十四年 (1975) 去世為止。

蔣中正總統復職後，外在的國際情勢亦轉趨有利，先是民國三十九年六月北韓南侵，韓戰爆發，使美國逐漸放棄對臺灣海峽兩岸事務的「袖手旁觀」(hand-off) 政策。中共政權出兵朝鮮，使得美國對其更為不滿。其後，民國四十三年 (1954) 十二月三日《中美共同防禦條約》的簽字，更使臺灣正式被納入由美國支持的防禦系統，這是雙方關係更趨密切而穩固的里程碑，臺灣也成為美國圍堵政策的一環。不過，「共同防禦條約」的簽訂，對於志在反攻中國大陸的中華民國政府而言，由於條約的內容蘊涵沒有美國同意，不能以武力反攻的意義，因此亦有若干不利的影響。但是，大體而言對於中華民國主政的臺灣各方面發展而言，則提供了安定（全）的條件。

由於國際環境轉趨有利，以中國國民黨的改造為基礎，強人威權體制

亦逐漸建構完成。本來為了尋求美國支持而任用具有自由派色彩的孫立人、吳國楨，因為軍中政戰制度與救國團制度和中國國民黨的政策發生牴觸，並與蔣經國直接衝突。結果民國四十二年 (1953) 四月吳國楨辭去省主席的職位，隨即赴美，發表言論攻擊政府的領導人及政策。孫立人則先調任總統府參軍長，繼而在民國四十四年 (1955) 八月正式被指控涉及軍事政變及匪諜案而失去自由。至於扮演蔣中正總統與自由派知識分子之間重要橋樑的總統府秘書長王世杰，也於民國四十二年十一月被免職。而早在同年的四月，中國國民黨黨中央亦已決定，立法委員的提案必須先取得黨部同意。黨機器的控制能力，又完全進了一步。

加上大法官會議於民國四十三年 (1954) 一月通過「釋字第三十一號解釋」，先使第一屆立法委員、監察委員不必定期改選。而總統更發函國民大會秘書處表明任期將至下屆國民大會代表就職，「萬年國會」正式成形。民國六十一年 (1972) 又以國民大會修憲的方式，通過《動員戡亂時期臨時條款》第六項，中央民意代表不必改選，再度取得形式上合法性的基礎。而由於中國國民黨在中央民意代表中本來就有絕大多數的優勢，既不必改選，則無論其他選舉的結果如何，中國國民黨穩定的執政狀態都不致發生變動。

白色恐怖的鎮壓

在原有「刑法一百條」的規定外，民國三十八年（1949）、三十九年（1950）先後制定了《懲治叛亂條例》、《檢肅匪諜條例》等特別刑法，加強對內控制。其中加入中共組織者，固為法不容，但冤假錯案亦復不少。依據法條內容來看，只要是言論、主張，即可構成叛亂要件，所謂的叛亂案多屬於言論及結社層次❹。而「保密防諜，人人有責」，也有其法律根據，凡知匪不告，依法課以刑責。在言論叛亂的白色恐怖時期，政治異議者除了因為言論觸法外，也可能因為捲入假匪諜事件而遭判刑。而且在戒嚴期間，違反《懲治叛亂條例》的案件一律送軍法審判，由於軍法系統的特殊性，涉案人的人權較普通司法系統欠缺保障。

---

❹　縱使行為沒有明顯觸法，情治單位仍可以情節輕微之由交付感化。

由於韓戰爆發後，美國派第七艦隊進入臺灣海峽實施臺灣海峽中立化政策，其後更正式協防臺灣，臺灣事實上免於中華人民共和國的武力威脅，在此狀況下，實施長期的戒嚴以及白色恐怖的壓制，有必要性和正當性的問題。

國際形勢的變化與爭議

民國三十九年韓戰爆發，美國總統杜魯門於六月二十七日下令美軍第七艦隊進入臺灣海峽，遏止中共政權對臺灣的任何攻擊，並且要求中華民國政府不要攻擊中國大陸，使臺灣海峽中立化。杜魯門此一政策宣布，基本上使臺灣得以解除來自中華人民共和國強力的軍事威脅，臺灣的安全問題暫時性得到解決。而杜魯門在下達此一命令時，同時表示「臺灣將來的地位，必須等到太平洋的安全回復，及對日本的和平條約成立之後，或者聯合國有所決定之後，才能確定。」明文提出臺灣地位未定論。

然而此一說法使中華民國擁有臺灣的合法性基礎受到質疑，因此，六月二十八日中華民國外交部長葉公超特別針對此一問題，發表聲明❺。宣告：中華民國政府原則上接受美國政府協防臺灣的建議，並強調在對日和約未訂定前，美國政府對於臺灣之保衛自可與中華民國政府共同負擔責任，但是，臺灣是中國領土的一部分，美國在臺海提出的備忘錄對於臺灣「未來地位之決定」並不具影響力，自也不影響中國對臺灣的主權。這也是當時中華民國政府一方面期待美國防衛臺灣，另一方面又反對臺灣地位未定論所作的官方回應。

民國四十年 (1951)，由於中國代表權的爭議，中華民國無法參加舊金山和會。根據《舊金山和約》，日本在和約第二條放棄臺灣、澎湖的「一切權利、權利名義與要求」，卻未提及讓與何國，此乃國際法層面的「臺灣地

---

❺ 而中華民國政府對此一問題也有相當的認識，早在陳誠就任臺灣省主席之初，蔣中正便以中華民國總統的身分，連續發電報指示陳誠治臺的方針，指出「臺灣在對日和約未成立前，不過是我國一託管地帶性質」。此一史料的內容與杜魯門的主張，十分接近。

位未定論」之起源。次年在美國支持下，中華民國與日本國簽署《中華民國與日本國間和平條約》，並重述《舊金山和約》的規定。目前支持臺灣屬於中華民國的學者，有部分認為日本放棄臺灣、澎湖的領有權後，中華民國政府統治臺灣的現實並未受到挑戰，因此可以依照國際法上的「先占」原則，合法領有臺灣。

1950 年代以來，美國政府基本上採取支持在臺灣的中華民國政府的政策，透過前述的《中美共同防禦條約》，建立軍事協防臺灣的正式機制。只是隨著中華人民共和國統治時間越久，國際舞臺上中國代表權的爭議，就越不利於中華民國政府。特別是美國政府在 1970 年代外交政策正式轉向與中華人民共和國，雙方逐漸關係正常化，對中華民國的國際舞臺空間，更是沉重的打擊。

雖然中華民國政府長期以來宣稱：民國六十年 (1971) 是在國際情勢不利的狀況下「退出」聯合國，但是聯合國的立場則是以〈二七五八號決議案〉，處理中國代表權問題。換言之，對聯合國及國際社會而言，〈二七五八號決議案〉是解決中華民國政府與中華人民共和國政府有關聯合國的中華民國（中國）代表權問題之正式決議。此議案決定：「恢復中華人民共和國的一切權利，承認他的政府代表為中國在聯合國組織的唯一合法代表，並立即把蔣介石的代表從他在聯合國組織及其所屬一切機構中所非法佔據的席位上驅逐出去」。此後，中華民國政府作為中國唯一合法政府的「一個中國」論述在國際間日漸薄弱，中華人民共和國政府逐漸被視為中國唯一合法政府。

而在中華民國政府敗退臺灣之後，其統治臺灣的正當性基礎，主要建立在兩個面向：在國際上代表中國的正統性，以此建立中央民意代表不必改選的論述；另一方面在臺灣透過地方選舉取得一定程度的民意基礎，藉此希望維持「自由中國」的形象。隨著中華民國政府作為中國唯一合法政府的「一個中國」論述在國際間日漸薄弱，「漢賊不兩立」乃演變至「賊立漢不立」，國際上普遍認為中華人民共和國政府是中國唯一合法政府。在國際情勢日趨不利的狀況下，國民黨當局採取開放部分中央政治參與的管道

以補強其統治基礎。

地方自治

　　民國三十九年 (1950) 四月「臺灣省各縣市實施地方自治綱要」正式公布，八月臺灣各縣市行政區域調整，由八縣九省轄市重劃為十六縣五省轄市，臺灣地方政治進入新的階段，各縣市首長及議員第一次由直接民選產生。至於省的層級，不但省主席依然官派，（臨時）省議員也由縣市議會選舉產生。而至民國四十三年 (1954)，省議員改為直接民選產生。此後，所謂臺灣地方自治的基本格局已然確定。

　　但是，地方選舉固然已經舉行，《中華民國憲法》對於地方自治的設計與保障，卻因為行政部門不願通過「憲法」明定的《省縣自治通則》，而立法院則配合將已經二讀的法案擱置，使得臺灣的地方自治根本沒有法律依據，而是以行政命令的方式運作。如此一來，地方自治的權限與依據，便只好以上級行政機關為依歸。自治的權限與憲政體制原先的規劃固然不能等量齊觀，省長民選也成了「憲法」上的規定而已。

　　民國八十三年 (1994)，立法院通過直轄市及省、市的自治法規，雖然與「憲法」的本然設計仍有相當的距離，但是依據法律進行的選舉，以及產生的地方政府，則是臺灣歷史上空前的記錄。同時，以法律為依據地方政府的權限更具「自主」(autonomy)，而有了直接的民意作為正當性的基礎，地方首長的地位已有所轉變，過去中央政府一條鞭式的行政體制，也面臨調整。但是臺灣省與中央政府轄區的嚴重重疊，形成一定程度權限衝突的問題，隨著省長民選之後日漸嚴重。另一方面，省自治地位確立後，臺灣四級政府的狀態，以及不同層級政府所制定法規，彼此產生職權的衝突問題，不僅沒有較過去改善，反而因地方自治的法制化正式成為更加嚴重的制度性矛盾。因此透過「憲法增修條文」的改變，民國八十七年 (1998) 凍結臺灣省級的選舉，省長及省議會民選的時代也隨之終結，臺灣的地方自治又將進入一個嶄新的時代。不過中央與地方權限及資源的分配，仍然爭議不斷，特別是攸關地方自治的財源的劃分問題，仍待制度性的解決。

中央民意代表的改選

《中美共同防禦條約》簽訂以後，武力反攻必須取得美國的同意，機率已然降低。民國四十七年 (1958) 十月，蔣中正總統與美國國務卿杜勒斯 (J. Dulles) 發表著名的聯合公報，外交部長黃少谷並聲明「中華民國並未宣布放棄一旦遇到大陸爆發革命時使用武力光復大陸」，明白表示武力反攻的可能條件。至此，國人對於武力反攻的可能，有了不同的看法。

由雷震主編的自由派知識分子刊物——《自由中國》——認為武力反攻的「公算」（或然率）既不大，要求政府對於臺灣的建設，採取更積極的態度。省議員李萬居則在省議會主張，中央民意代表必須改選，而臺灣本地人士至少應選出一半名額。其後，中央民意代表改選問題日益受到重視。而在未觸及改選問題的情況，民國五十八年 (1969) 政府根據民國五十五年 (1966) 修訂的《動員戡亂時期臨時條款》，以臺灣地區人口增加，及部分臺籍中央民意代表已經因故去職或死亡的狀況為由，進行第一屆中央民意代表的增補選，為中央民意機構帶進少數具有民意基礎的新血。

民國六十年，美國尼克森總統希望拉攏中華人民共和國，與蘇聯對抗，情勢對我國更趨不利，但執政者未積極應對。結果，中華民國失去聯合國的中國代表權後，各主要國家紛紛承認中華人民共和國，並與其建交。面對國際外交不利情勢，為了擴大政府的正當性基礎，並回應國內民主的要求，國民黨當局次年修正「臨時條款」的內容中，便包括賦予推動中央民意代表的增額選舉的法源。增額中央民意代表選舉雖然多少補強了國會的正當性基礎，但是離民主政治的常態仍有相當距離，要求進一步改革的主張，不僅在國內日漸得到支持，來自美國等國際的壓力也日漸加大。國民黨則在蔣經國總統的主導下，一開始想以充實中央民意代表機關的方式來解決國會的問題，希望透過採取增加中央民意代表的席次，與資深中央民意代表退職的方式，來解決國會的根本問題。不過，縱使民國七十八年 (1989) 一月通過《第一屆資深中央民意代表自願退職條例》之後，退職的中央民意代表人數相當有限，國會仍由第一屆中央民意代表主導。面對要

求國會改革的壓力，最後透過司法院大法官會議，在民國七十九年 (1990) 六月的釋憲案，決定民國八十年 (1991) 底為第一屆的中央民意代表退職的最後期限，透過退職方式完成中央民意代表的改革工程。

革新保臺路線的展開

美國的支持與中華民國政府作為中國合法代表的地位，一直是臺灣強人威權體制得以存續、保持外部正當性的重要因素。但受到 1960 年代末期美國與中華人民共和國關係的逐漸改善，以及民國六十年失去聯合國中國代表權的影響，中華民國的「法統」和統治正當性不斷受到衝擊。為了因應這樣的情勢，以行政院長蔣經國為首的執政當局，採取了「革新保臺」的有限度政治改革來穩固政權。但另一方面，政府對黨外人士與臺灣本土文化，仍然繼續採取壓制的措施。

在政治改革方面，蔣經國主政的革新保臺時期，有著部分的成效。首先登場的是，前述每三年一次的定期增額中央民意代表選舉。儘管這樣的方式，相較於當時臺灣基督長老教會（簡稱長老教會）或《大學》雜誌提出的「國會全面改選」主張保守許多。但此一制度使臺灣本土政治菁英，得以經由選舉進入由第一屆資深中央民意代表主導的國會舞臺。

除了提供有限的增額中央民意代表名額，打開人民透過選舉參與中央政治的可能性外，蔣經國還任用一些臺灣籍政治菁英，擔任中央黨政職務，希望藉此強化其統治內部正當性，形成一股俗稱「吹臺青」的「本土化」政策。民國六十一年 (1972) 的內閣中，便有行政院副院長徐慶鐘、政務委員李登輝等七位臺籍人士出任閣員；臺灣省主席及臺北市長亦分別由臺籍的謝東閔、張豐緒擔任。其後，在蔣經國競選總統時，更先後提名謝東閔、李登輝擔任副總統候選人。在國民黨方面，臺籍中央常務委員人數也呈現增加的趨勢。雖然如此，國防、政經、情治、外交乃至中央教育主管的職位，仍由老一輩來自中國大陸（或其下一代）的「外省籍」黨國菁英擔任。在國民黨中常委部分，臺籍菁英的數量雖有明顯的增加，但實際上，蔣經國主政期間，中常會的運作乃以其意志為依歸，臺籍中常委人數的增加，

象徵意義大於實質意義。

黨外運動的發展

前述萬年國會形成後，未改選的中央民意代表與臺灣社會脫節。而透過增額中央民意代表的定期改選，使得臺灣本土菁英得到發展的舞臺，逐漸形成「黨外」人士，選舉也成為宣傳民主理念的重要場合。

民國六十六年 (1977) 舉行五項地方公職人員選舉，因作票爭議引發「中壢事件」，但黨外公職席次則有相當成長。次年，因美國宣布即將與中華人民共和國建交，蔣經國總統根據「臨時條款」，停止增額中央民意代表選舉。民國六十八年 (1979) 以《美麗島》雜誌為代表的黨外人士，由於失去選舉舞臺，以群眾集會的方式，希望擴張影響力，而與保守派之間出現緊張的對立情勢。十二月十日在高雄便爆發了轟動一時的「美麗島事件」，黨外菁英大量遭到逮捕。

民國六十九年舉行的軍法審判，透過大眾媒體的相關報導，美麗島事件涉案人的政治主張得到傳播的機會，也取得了部分人民的支持。美麗島事件後，黨外人士透過選舉，繼續爭取民意支持，並先後以「選舉後援會」、「黨外公共政策研究會」，嘗試政黨的組織化。

住民自決論提出及其發展

臺灣內部最早提出住民自決者，為臺灣大學教授彭明敏與其學生謝聰敏、魏廷朝。他們意識到當時國民黨當局所抱持的「一個中國」立場，不僅對國民黨政權不利，也將影響臺灣的生存，遂於民國五十三年 (1964) 起草〈臺灣人民自救宣言〉。「自救宣言」中，明白以「一個中國、一個臺灣」的「一中一臺」主張作為解決臺灣國際定位問題的訴求，並公開要求：以臺灣一千二百萬人民自由選舉產生的政府，取代蔣中正總統所領導的政權。在此宣言中，以前述的主張為基礎，建構對外確立主權，對內追求民主憲政的三個基本目標。

民國六十年聯合國大會通過阿爾巴尼亞提出的〈二七五八號決議案〉，

此後中華人民共和國繼承中華民國成為聯合國的中國代表，國際上所謂的「一個中國」即是中華人民共和國，臺灣的生存空間遭到嚴重的擠壓。

為求取臺灣自由民主改革，避免中華人民共和國以「一個中國」架構併吞臺灣，住民自決的主張乃有進一步的發展。民國六十年十二月十六日，臺灣基督長老教會總會通過〈對國是的聲明與建議〉，反對任何國家罔顧臺灣地區一千五百萬人民（當時的人口）的人權意志，作出任何違反人權的決定，並強調臺灣人民有權利決定自己的命運。此聲明發表，震驚海內外，隨即獲得海外關心臺灣前途的臺灣鄉親熱烈的迴響，掀起海外的「臺灣人民自決運動」。

除了長老教會之外，戰後自由主義重要代表人物雷震，亦向蔣中正總統及蔣經國等五位國民黨當局的權力核心人士提出具體的主張——〈救亡圖存獻議〉。指出為避免臺灣被中華人民共和國併吞，除了必須改國號為「中華臺灣民主國」外，並應制定新憲法，作為一個合乎「權力分立」原則的民主憲政國家。

民國六十六年 (1977)，臺灣基督長老教會進一步發表〈人權宣言〉。呼籲美國在與中華人民共和國發展關係之際，能注意臺灣住民的權利。主張「臺灣的將來應由一千七百萬住民（當時的人口）決定」，並促請政府採取有效措施，使臺灣成為「新而獨立的國家」。這種臺灣住民自決的要求，在1970 年代末期影響了黨外運動，也是直到民進黨成立，黨外人士對國家走向最主要的主張。

解嚴前國民黨當局政策的調整

面對國際情勢不利的發展，以及國內政治改革的要求，對內方面，蔣經國總統主導的國民黨當局，則基本上延續原有的「革新保臺」路線，繼續拔擢部分臺灣本土菁英進入中央黨政機構任職，增加增額中央民意代表的名額，補強其統治的正當性基礎。在對外方面，則仍然積極尋求美國的支持，繼續反共的國策。針對中共政權強化統戰的策略，蔣經國採取「三不政策」，反對與中共政權官方的接觸、談判，並拒絕與中共政權妥協。同

時，則改採「三民主義統一中國」的文宣論述，成立「三民主義統一中國大同盟」，宣示由中華民國主導的統一立場。相對地，對於同情中共政權統戰的論述及臺灣獨立的主張，則繼續採取限制的政策。

解嚴的歷史意義

民國七十五年，黨外人士宣布組織民主進步黨，蔣經國總統衡諸國內外情勢，未採取鎮壓行動，當年年底臺灣出現了歷史上第一次多黨參與的選舉，自由化的發展方向有了重大的突破。在中國國民黨主導下，次年先通過《國家安全法》，七月十五日解嚴。如此，戒嚴時期遭到軍法審判的人民就無法根據「戒嚴法」的規定，透過重新審判尋求救濟，並在限制「分裂國土」與共產主義思想的架構下，展開有限度的自由化改革。不過，解嚴以後臺灣仍在動員戡亂時期，對人權亦有相當限制，在透過《懲治叛亂條例》的規範下，《國家安全法》前述的限制宣示意義較濃。

解嚴以後，政府開放返鄉探親，臺海兩岸中斷多年的交流，此後日趨密切。解嚴的七十六年年底，政府已決定解除報禁，自民國七十七年 (1988) 一月一日起開始實施。民營的大報在此時開始採取增張及改版，而有意辦報的社會人士也展開辦報的行動，臺灣的平面媒體此刻走向自由而多元化的時代。

憲政改革的開展

解嚴後的第二年，蔣經國總統病逝，由李登輝副總統繼任總統。民國七十九年 (1990)，面對體制內外要求國會全面改選的訴求，李登輝總統承諾要以修憲的方式實施政治改革。前述大法官會議的解釋已經在體制內確定終結萬年國會，不過民主憲政的體制調整則是制度改革不可或缺的一環。次年四月通過的第一次《中華民國憲法增修條文》，主要以國會全面改選，以及朝向正常憲政體制的過渡安排作為憲政改革核心。五月一日終止動員戡亂時期，結束「臨時條款」體制，同時公布「憲法增修條文」。其後並展開國會改選，完成中央民意機關的改革工程。

此後陸續再完成多次修憲，主要內容如下： 1.民國八十一年將考試委員、大法官及監察委員同意權歸國民大會，監察院成為準司法機關，同時賦予省長、直轄市市長民選，及地方自治法制化新的憲法依據。 2.民國八十三年確立總統直選，縮減行政院院長的副署權。 3.民國八十六年凍結省級地方自治的選舉，精簡組織，使省政府成為中央的派出機關。同時採取所謂「雙首長制」，賦予總統任命行政院院長的權力。 4.民國八十九年國民大會「虛位化」，成為任務型國大，立法院取得同意權與修憲提案權。

民國八十九年 (2000) 總統大選後，國民大會進行修憲，使國民大會成為依政黨比例產生的任務型國民大會，不再定期改選，單一國會的改革正式完成。民國九十四年 (2005)，選舉任務型國大，在民進黨及國民黨聯手下，完成廢除國民大會，賦予國會席次減半與單一選區兩票制，以及條件限制相當嚴苛的公民投票制度的憲法依據。而立法院通過高門檻（全體立法委員四分之一之提議，全體立法委員四分之三之出席，及出席委員四分之三之決議），提出的憲法修正案、領土變更案，經公告半年，應於三個月內由公民投票投票複決。

白色恐怖的終結

民國八十年 (1991) 五月九日法務部宣布偵破獨臺案，此一案例中係以言論宣傳導致叛亂作為其中犯罪的主體，因而使得自民國三十八年 (1949) 以來以《懲治叛亂條例》配合《刑法》第一百條 (以下簡稱「刑法一百條」)，箝制言論自由的問題受到普遍的重視。這使得原本自民國三十八年以來即長期存在的白色恐怖，得到改革的時機。

當時除了在野的民進黨要求改革外，學者、學生亦發動靜坐、遊行，要求廢止《懲治叛亂條例》，面對群眾龐大的壓力，立法院旋即於五月十七日廢止《懲治叛亂條例》。但是由於「刑法一百條」仍有言論叛亂的問題，不僅抗爭不止，連臺灣省議會也在五月二十一日決議要求立法院廢除「刑法一百條」。其後歷經朝野一年的折衝以及「一百行動聯盟」等社會團體的持續施壓，民國八十一年 (1992) 的五月十五日立法院通過「刑法一百條」

修正案，使得所謂的言論、結社、叛國的問題，得到最後的解決。因為在白色恐怖時期，所謂的叛亂案多屬於言論及結社層次，因此《懲治叛亂條例》的廢除及「刑法一百條」的修正，使因言論而被處以叛亂罪的問題不再發生，在某種意義上，也象徵著白色恐怖時代的結束及自由化改革的告一段落。此後，《國家安全法》對於言論自由的限制透過《集會遊行法》及《人團法》，發揮了實際的效果。

總統直選與政黨輪替

在臺灣邁向自由化的過程中，總統直選的呼聲日漸高昂，不僅反對黨如此主張，國民黨內部也出現相當大的支持力量。而透過國是會議的決議，總統直選已經逐漸成為臺灣政治改革的重要方向。民國八十五年 (1996) 總統直選，國民黨候選人李登輝、連戰，以超過 50% 的得票率當選第一屆民選總統、副總統。民國八十九年，民進黨的候選人陳水扁、呂秀蓮當選總統、副總統，完成政黨輪替，臺灣的民主發展進入新的階段。而在總統直選後的第二年，臺灣第一次被世界人權組織「自由之家」(Freedom House) 列入「自由國家」之林，此後人權表現迭有改進，已是亞洲民主國家的重要代表。

民國九十七年 (2008) 國民黨提名的馬英九、蕭萬長擊敗民進黨提名的謝長廷、蘇貞昌贏得總統大選，臺灣再次政黨輪替。民國一〇一年 (2012) 馬英九、吳敦義搭檔擊敗民進黨提名的蔡英文、蘇嘉全連任。

多黨競逐的時代

政府遷臺後，臺灣在形式上有三個政黨：執政的中國國民黨及在野的民社黨、青年黨。民、青兩黨由於在中央民意機關的席次有限，加上遷臺以後政黨內部派系分立，幾乎完全不具制衡的能力。

民國七十五年 (1986) 民進黨成立後，由於具足選舉所賦予的民意基礎，加上黨外運動長期資源的累積，臺灣才開始有有力的在野黨。而自黨禁突破以來，由於不同的政治主張與選舉的發展，工黨、社民黨、新黨、

建國黨等政黨紛紛成立。民國八十九年 (2000) 民進黨執政後，民國九十一年選舉改組的立法院則有民進黨、國民黨、親民黨與台聯等政黨。這四個政黨民國一〇一年 (2012) 在立法院也都成立黨團運作。

再修憲與國會結構的改變

民國九十四年 (2005) 的修憲，不僅廢除了國民大會，確立立法院成為單一國會，而且也實施立法委員席次減半，以及單一選區兩票制的選舉制度，我國政黨制度的發展，發生制度性的變動。

在單一選舉制度下，大黨本較小黨居於優勢，在國民黨與民進黨兩大陣營的競爭態勢下，小黨的生存空間乃遭擠壓。如親民黨以及台灣團結聯盟在民國九十七年立委選舉中，幾乎完全喪失舞臺。再者，根據《憲法》規定劃分的單一選區，每一縣市至少有一席立法委員，但不同選區的人口數卻有相當大的落差。以民國九十八年 (2009) 底為例，馬祖公民數有 7697 人，宜蘭公民數有 351858 人，應選之立委皆為 1 人，選區規劃與民主票票等值的理想出現矛盾。

美援與臺灣經濟

中央政府遷臺初期，臺灣經濟情勢不穩，外匯短缺，無力進口商品及生產原料。當時有效促進臺灣經濟安定最重要的外在因素，便是來自美國的經濟援助。

民國三十九年韓戰爆發，美國恢復對我國的經濟援助，直到民國五十四年方才中止。當時美援經由剩餘農產品援助或進口物資援助及貸款的援助，協助臺灣解決民生物資供應不足的問題，減輕需求大於供給所產生的物價上漲壓力。同時將出售剩餘農產品所得，存入臺灣銀行，減低貨幣膨脹的壓力。

在政府財源短缺，無力重建臺灣戰爭期間受損的基本設施之際，美援也提供適時的支援，協助臺灣的電力、交通運輸、水利灌溉等基本設施的修復、興建與運作。

整體而言，美援直接增加了當時臺灣嚴重不足的物資供給，一方面可以平抑物價上漲的壓力，另一方面也提供工業發展所需要的動力與原料。

土地改革

相對於政治發展，臺灣戰後的經濟發展及早年的社會建設，更早即受到普遍的注意。其中土地改革兼具社會及經濟意義，則往往被視為戰後臺灣發展的重要關鍵。繼實施三七五減租以後，民國四十二年 (1953)《實施耕者有其田條例》完成立法程序，公告實施。兩年後，《臺灣省實施耕者有其田保護自耕農辦法》亦正式實施。

原本的地主在耕者有其田政策以後，取得七成分十年攤還的實物土地債券及三成的四大公司（臺泥、臺紙、農林、工礦）股票❻。其中固然有部分地主資金投資產業，轉型成為工商業主者，也有許多在此一政策之後逐漸沒落。本來以土地作為基礎的地方仕紳，逐漸失去其影響力。

另一方面，農民取得土地以後，則分十年繳交地價。由於取得土地，加深農民對主政者的向心力，鞏固了中國國民黨主政的正當性基礎。而政府則透過偏低的公告價格，向農民購買稻穀，又以同樣的價格要求農民以稻穀和公告價格較實際價格高的肥料，進行「肥料換穀」。由於農民耕種田地的單位面積產量增加，又取得土地所有權，因此當時此一政策並未引起強烈的不滿。

而政府取得這些作物之後，除了供戰備準備之外，則大多以實物配給的方式配給軍、公、教人員。使軍、公、教人員名目薪水固然不高，但是透過實物配給，則其實質的薪水較為提升，同時也容易維持其起碼的生活水準。這是政府透過肥料換穀及其他方式，使農民間接協助政府提供維持軍、公、教人員生活所需。政府則將所節省支出，投入獎助工業的發展。

不過，由於土地改革以後農家的土地日趨零細化，又必須負擔前述隱藏的稅捐，因此，農民在經濟上逐漸傾向弱勢。等到土地價款還清，又有

---

❻ 當時政府先將四大公司的股本，透過資產重估，增加七到十一倍，使四大公司的股票總值足以支付地主的補償金額。

其他行業的就業機會，農村人口外流也逐漸明顯。另一方面，土地改革之後，過去投資農地的資金，也逐漸轉移至工商業，對臺灣的產業發展，投入資金動能。

進口替代到出口擴張

由於外匯準備短缺，在民國四十年代初期，臺灣便在工業上採取進口替代的策略。等到產能增加，滿足國內市場的需求後，便轉而出口。其中紡織業是從進口替代到出口擴張成功的例子。

不過，進口替代期間，原料及生產所需設備往往必須進口。在外匯短缺時代，美援的提供，正好解決了部分難題的契機。民國五十年代初期，美國見臺灣經濟已見成就，遂通知準備停止經濟援助。而為此，官方則積極引進外資，獎勵投資，並開設加工出口區。

結果，種種的制度設計配合由農村外流的龐大勞動力，以高勞力附加產業為主的出口導向經濟，遂成為臺灣經濟發展的特徵之一。

中小企業的貢獻

民間企業的發展，也對臺灣產業結構與社會有重大的影響。就臺灣本土的產業而言，1960、1970 年代出口擴張，中小企業是重要推手，公營事業與大企業則將重心放在國內市場。在勞動力的聘僱方面也是如此，勞動密集、輸出加工導向的民間中小企業的聘僱吸收力較大，在 1970 年代中葉，員工未滿一百人的中小企業吸收了約六成的勞動力，超過公營企業與大企業的總和。

此外，民間中小企業的發展亦影響臺灣外匯的取得與累積。具體而言，1960 年代臺灣的出口市場從日本轉到美國，而進口市場則由美國逆轉為日本。臺灣從日本進口原料、半成品與機械，以臺灣廉價的勞動力組裝加工，再輸出到美國市場，形成臺灣對日貿易逆差與對美順差，從而每年累積大量的貿易順差。而在臺灣 1980 年代的高度經濟成長期，民間中小企業佔了出口額的三分之二，由此可見臺灣民間中小企業對於經濟成長的影響力。

十大建設與科學園區

從民國五十年代末期，行政院的施政開始注意到臺灣的基礎建設問題。民國六十二年 (1973) 行政院長蔣經國宣布將全力推動核電廠、南北高速公路、北迴鐵路、鐵路電氣化、臺中港、蘇澳港、石化工業、大煉鋼廠、大造船廠與中正（桃園）國際機場等十大建設。

其中除了交通及發電等基礎建設外，石化工業、大煉鋼廠及大造船廠，是屬於扭轉臺灣產業結構的重大投資。三者之中則以石化工業的影響最大，結果使石化工業佔我國國民生產毛額最高時超過 50% 以上。而以中鋼為代表的煉鋼廠則影響較小，但是其產能亦不斷擴充。但是，受到國內產業規模的限制以及產品的特色，未來仍有待進一步發展。至於以中船為代表的造船業，則在石油危機衝擊下，發展並不順利，又面對國外的有力競爭，成效較為有限。為了追求產業升級，民國六十九年 (1980) 政府設立以電子工業為重心的新竹科學園區。除了透過租稅優惠獎勵相關投資，引進外資及技術之外，政府亦投入大量經費進行技術研發及人才養成，並透過國科會、工研院，將發展的技術轉移民間。電子工業迅速發展，在我國整體工業所佔比重與日俱增，目前已經成為臺灣最重要的產業之一。

經濟自由化與國際化

1980 年代臺灣經濟的特色，是龐大的對外貿易出超。但鉅額出超引起以美國為首等國的反彈，出超帶來外匯存底的增加，也造成通貨膨脹的壓力。政府乃以經濟自由化為主軸，進行制度的改革。

從民國七十二年 (1983) 起，政府逐步放寬進口管制，三年後，大量開放國產品已足以與其競爭的商品進口。另一方面，則逐步降低進口關稅，民國七十六年 (1987) 更大幅調降稅率，使進口商品成本亦隨之下降。原本掌控市場的國內廠商，紛紛改變經營策略，一方面降價，一方面改善品質，以應付新的市場競爭。

民國七十五年 (1986) 以後，出超及外匯存底增加造成的壓力大增，次

年，中央銀行實施新的《管理外匯條例》，使人民可以自由持有並應用外匯，完全取消管制經常帳的交易，資本帳交易則是有限的管制。在經濟自由化的浪潮中，開放金融事業的呼聲亦獲得政府回應。民國七十八年 (1989)《銀行法》修正，開放新的商業銀行設立，開啟金融自由化的新紀元。

臺灣經濟自由化也與政府積極重返國際舞臺有密切的關係。民國八十一年 (1992) 世界貿易組織 (WTO) 的前身關稅暨貿易總協定 (GATT) 受理「臺澎金馬關稅領域」的入會申請。申請案雖遭中華人民共和國方面的打壓，要求比照港澳的方式入會，但仍於民國九十一年 (2002) 正式成為世界貿易組織的一員。此後，臺灣經濟更趨自由化、國際化。

資本外移

在 1990 年代以前臺灣的對外投資區域，以美國最為重要，其次則是東南亞地區。前者以取得技術、確保市場及擴充銷售網路為重心，後者主要是以逐漸失去競爭力的夕陽產業為主；對歐洲及中南美洲的投資也有日漸提升的趨勢。

隨著解嚴及臺灣國內政治的日益自由化，臺灣投資的觸角，也伸向了中國大陸。雖然政府曾經強調「戒急用忍」、「南進政策」，希望減少在中國大陸投資的比重，但目前相較於其他國家對中國大陸的投資，臺灣對中國大陸的投資金額的總數與比重仍然名列前茅，面對對中國大陸過度的經貿依賴，如何分攤風險，成為重要課題。

產業對外投資伴隨著在臺灣生產比重的下降，甚至是生產線的縮減。而此一產業結構下，「臺灣接單、海外（中國大陸）生產」的比重大增，民國一〇一年 (2012) 臺灣接單出口商品的海外生產比重超過 50%，導致外銷訂單創新高，臺灣實質出口卻衰退，無法有效改善國內勞工就業機會與薪資停滯的狀況。

產業轉型與結構性失業的產生

由於臺灣勞工主要服務於傳統製造業，傳統產業大量外移，服務業所

佔比重日漸增加，產業空洞化問題日漸明顯。無論是服務業或是電子業，無法吸納原本製造業釋放出的大量勞動力，加上傳統產業為降低成本，引進外勞，產業結構的改變，造成中年失業問題。結構性失業與大批電子新貴的產生，使所得分配出現惡化的現象。

而面對經濟自由化與國際經濟的挑戰，如何使臺灣經濟順利轉型，提升競爭力，成為政府施政的重要工作，也攸關未來臺灣的經濟發展。

習　題

一、陳誠治臺期間，權力較前後任省主席都大，試說明之。
二、《中美共同防禦條約》對於政府政策有何不利影響？
三、十大建設如何扭轉臺灣的產業結構？其成果如何？

第二節　中共政權的演變

中華人民共和國的建立

民國三十八年 (1949) 四月，在戰場上中國共產黨已經取得相當的優勢，而積極展開渡過長江的作戰，國軍在中國大陸上已失去有效的對抗能力。同年七月，毛澤東在建黨二十八週年，公開表示對蘇聯一面倒，原本對中共存在幻想的美國等反共國家，大失所望。

十月一日，經歷所謂的「全國人民政治協商會議」後，中共政權在北京宣告中華人民共和國成立。次日，蘇聯率先予以外交承認。不久，中共軍隊席捲整個中國大陸。

政權的鞏固

由於在建立政權，領有整個中國大陸的過程中，有許多對中國國民黨不滿的知識分子及政治人物，採取親中共的政治選擇，也有上百萬的國軍

向中共投降或戰敗被俘，這些對中共政權的領導者而言，都是不穩定的變數。因此，他們採取了一連串的措施來鞏固其政權。

在對外方面，繼續對蘇聯一面倒的政策，毛澤東率領周恩來等人於1949年（民國三十八）底，在莫斯科與史達林會談。次年二月，達成包括《友好同盟互助條約》在內的三項條約、協定。透過這些外交的協議，蘇聯在中國大陸取得了特殊的利益，而中共政權則取得其堅定的支持。

而在對內方面，則於農村地區進行全面的土地改革，於城市地區則針對所謂的舊有資本主義，進行社會主義的改造。這些固然是中共政權站在所謂社會主義陣營的抉擇，但是，由於手段頗有爭議，也引起不少批評。然而不容諱言的，透過這些行動所造成的財產權轉移，為中共政權取得了相當穩固的支持（特別是在農村），同時也擠壓出以農村為主的剩餘，以進行經濟建設。至於具有反對中共政權潛在傾向的地主及資本家，則遭到鬥爭，失去其過去的權力基礎。

1951年（民國四十）九月，針對讀書人，中共政權更有意識地推動「二百萬知識分子學習運動」，企圖使領導傳統中國社會價值的菁英能揚棄舊有的價值體系，轉而支持中共的政治路線。

如此，透過國家機器，中共政權企圖一方面建立並擴大其統治的正當性基礎；另一方面則以高壓、恫嚇的方式，進行思想改造，並壓制潛在的動亂因素。這一連串的政策及行動，固然對中共政權的鞏固有相當正面的功能，卻未能化解其內在的矛盾及危機感。

韓戰與中共政權

1950年（民國三十九）十月，由麥克阿瑟 (D. MacArthur) 將軍率領的聯軍，於擊退北韓的入侵後，展開武力反攻，並逼近中國東北與韓國的邊界。中共政權乃組織所謂的「抗美援朝志願軍」，強迫大量被俘虜或投降的國軍，以戴罪立功的「心情」自願投入韓戰，並且在人海戰術下大量陣亡。其中單單戰死的原國軍人數，就達一百萬左右。

結果，中共政權透過韓戰，借聯軍的武力，消滅了其內在的可能反共

力量。不過，對中共政權而言，這仍有所不足。因此，從中共政權成立以後，「鎮反」❼、「肅反」❽、「反右」❾的鬥爭始終不斷。

大鳴大放的鬥爭

其中由於對社會主義意識型態的抗拒，中共政權推動的「農業改造」、「私營工商業改造」、「手工業改造」之「大私有」目標遭到阻力。中共政權則展開肅清反革命的鎮壓行動，以強求貫徹。

1956 年（民國四十五）發生著名的匈牙利自由運動，中共政權乘機推動大鳴大放，以掌握潛在的不滿分子。結果原本親共的各黨派民主人士在知無不言、言無不盡的誘導下，進行鳴放，表達對中共政權的不滿。而中共政權則達到「引蛇出洞」的「陽謀」，而遂行反右的鬥爭，肅清原本即潛在對其不滿的知識分子及政治人物。

經濟的發展與困境

歷經五年的籌備，1954 年（民國四十三）九月，第一屆全國人民代表大會在北京召開，會中並通過《中華人民共和國憲法》，理論上中共政權的形式國家體制已然確立。不過，由於中共政權對憲法體制並不尊重，因此其後隨政治權力鬥爭而不斷更動，以致完全喪失根本大法應有的穩定性。

---

❼ 鎮反：「鎮壓反革命運動」的簡稱，是中共 1950 年開始的一項鞏固政權、鎮壓異己分子的行動。反革命分子在此可包括前國民政府殘留軍隊、地方土匪、幫會分子等一切對治安有威脅的人物。鎮反運動在 1951 年一度演變為濫捕亂殺的恐怖活動，1953 年中運動大致結束。保守估計，整個鎮反過程中至少有一百萬人被殺。

❽ 肅反：全稱為「肅清暗藏反革命分子運動」。中共鑑於建政初期恐怖暗殺活動頻頻發生，因而於 1955 年七月發動一場清理反革命分子的行動，可以說是「鎮反」的延續。不過肅反主要對象限於黨、政、軍部門內部。

❾ 反右：「反右派運動」的簡稱。1956 年五月開始中共鼓勵各界人士對中共的執政成果提出批評，號稱「百花齊放、百家爭鳴」，結果導致知識分子的群起攻擊。隔年六月中共開始反擊，動員群眾對曾發表議論的人士展開批鬥，稱為反右派運動。結果造成五十五萬人被冠上「右派分子」的帽子，遭受長達二十多年的迫害。

相對而言，以農村土地改革擠壓出的剩餘為基礎，在 1957 年（民國四十六）以前，中共政權統治下的中國大陸出現了高度的經濟成長。其中，陳雲主持擬訂的「第一個五年計劃」於 1955 年（民國四十四）獲得中共中央的支持，而在此之前中共中央也宣布了「過渡時期總路線」的提綱，要求在大約十到十五年的時間左右，基本上完成到社會主義體制的過渡。在此一特殊的歷史時空條件下，加上戰爭結束與中共政權致力於經濟發展，結果從 1952 年（民國四十一）到 1957 年之間，中國大陸的國民所得，以平均近 9% 的速度增加。而在工業部門，工業生產總值總共增加了 128% 左右，平均每年成長率超過 18%。至於農業生產總值，也達到平均每年 3.8% 的成長率。

這種高速的成長，是特殊環境下的產物，耕地面積沒有大幅的增加，工業生產也不足以吸收可能從農村釋放出來的大量勞力，使其經濟發展陷於困境。但是，中共政權的領導人卻對中國大陸的經濟條件錯誤的樂觀，結果造成嚴重的後果。

三面紅旗的困境與政治鬥爭

1958 年（民國四十七）是中國大陸經濟與政治發展表面上的轉捩點。由於領導階層對國內經濟條件的錯誤樂觀，該年八月中共中央政治局擴大會議通過號召「大煉鋼」❿與普及人民公社⓫的決議，該項政策的實施一

❿ 大煉鋼：1958 年八月「大躍進」的宣傳達到最高潮時，在毛澤東的影響下，中共中央決定將該年鋼產量目標訂為一千零七十萬噸。為完成目標，採取了鼓勵群眾「土法煉鋼」的策略，從農村抽調了近一億農民，興建了一百多萬座土高爐，果然年底時完成了一千兩百萬噸鋼的目標。然而由於土法所煉的鋼品質極差，因而幾乎無法使用，形同廢鐵。

⓫ 人民公社：中共為了改變中國農村長久以來小農生產形態而進行的一次大規模社會主義試驗。方法上模仿前蘇聯的集體農場，集體管理、集體耕作、組織軍事化。同時強迫農民捐出耕地與生產工具，收成原則上平均分配。人民公社規模不一，最大時一社數鄉，成員可達二萬戶以上。人民公社運動從 1958 年掀起高潮，基本上維持了二十多年，到 1980 年代初結束。

方面造成總體經濟的混亂與癱瘓，同時由於農村集體化的盲目加速，固有農業生態嚴重失衡，估計 1959 年（民國四十八）至 1960 年（民國四十九）兩年之間共有二至三千萬農民餓死。

1960 年起中共領導層改採較和緩的經濟成長指標，農村地區人民公社的建制依然存在，然而集體化的程度被大幅降低。1962 年（民國五十一）起通貨膨脹趨於和緩，政府財政收支亦漸趨平衡。總體經濟形勢的好轉至 1965 年（民國五十四）大致完成，該年國民總收入比 1957 年（民國四十六）增長 29%，比處於低谷的 1962 年（民國五十一）高 51%。

問題是，就在中共政權謀求解決致力「三面紅旗」❷貿進政策所帶來的惡果時，權力鬥爭的陰影卻隨之籠罩在中國大陸。本來，當「三面紅旗」出現問題時，中共的元老將領國防部長彭德懷即因對毛澤東提出建議，而遭到鬥爭下臺。結果，由於情勢繼續惡化，中共政權的第二號人物副主席劉少奇，結合黨總書記鄧小平等人，便強力迫使毛澤東退居第二線僅保有中國共產黨主席之位，而國家主席之位則讓給劉少奇。劉少奇及其盟友則在掌控國家機器及黨機器的情況下，扭轉毛澤東的政策，並進行較溫和的路線。

文化大革命

而自長征途中的遵義會議開始，即逐步建立其個人威權的毛澤東，在中共政權建立與鞏固的過程中，完全佔居上風。至此失去權勢，並不甘心，而積極尋求重掌黨、政、軍大權的機會。由於單純在中共政權的體制內，他幾乎沒有順利復出的可能，因此，毛澤東及其同志最後選擇了體制外的文化大革命，以砲打黨中央的方式奪權。

1966 年（民國五十五）開始的無產階級文化大革命是中共體制下，政治與社會秩序的一次全面性顛覆運動。毛澤東號召這一場革命的心理狀態

❷ 三面紅旗：1957 年底到 1958 年年中，「大躍進」、「（社會主義）總路線」、「人民公社」三項構想在毛澤東的授意與鼓勵下逐一被提出，總稱三面紅旗。毛澤東認為三面紅旗是全面引導中國大陸經濟、社會步入社會主義階段的具體方法。

至今仍令人費解，然而大體而言，他的企圖無疑在推翻日趨工具理性化並與他對立的整個官僚系統與黨機器。就此而言，他的目的幾乎完全成功，中共政權第一代黨政軍領導人除總理周恩來外，幾乎全數在這一波大整肅中遭到波及。即使一開始與毛結成聯盟的國防部長林彪，亦在幾年後的政爭中滅頂。

華國鋒的過渡

在毛澤東晚年，以江青為首，包括張春橋、姚文元、王洪文的四人幫致力鞏固在黨機器的勢力。他們基本上沿襲了文化大革命的路線，周恩來死亡後，更藉著 1976 年（民國六十五）「四五天安門」❸的血腥鎮壓，迫使在周恩來支持下的鄧小平及其政治路線，再度下臺。

直到文化大革命發動十年後毛澤東去世，才使新的轉變成為可能。接任黨主席兼軍委主席、國務院總理的華國鋒在逮捕四人幫後，為了扭轉文革以來經濟成長衰退的局面，同時更為了樹立個人政績，主持推動了一場全面的經建計劃。華國鋒的十年建設計劃雖因執行技術上的失誤以及權位遭受挑戰而收場，然而卻帶動了鄧小平上臺後全面經濟改革的契機。

其後，華國鋒面對劉伯承等中共元老將領，以及許世友等實力派的力保壓力，不得不讓鄧小平再度復出。鄧小平復出後，又與華國鋒發生嚴重的權力、路線鬥爭。1978 年（民國六十七）十二月中共十一屆三中全會上鄧小平集團擊潰支持華國鋒的勢力，開始了日後被稱為「改革開放」的運動。政治上平反了一大批在文革中遭到鬥爭的老同志，徹底消滅文革支持者陣營；經濟上採取放權讓利措施，寄望以決策權下放的手段讓僵化失效的計劃經濟體制獲得自生的力量；農業方面則結束人民公社體制，由集體

---

❸ 四五天安門事件：1976 年一月八日周恩來去世，掀起了中國大陸各地民眾的悼念活動。三月下旬起北京天安門廣場陸續出現花圈與圍觀群眾，不少人藉悼詞、輓聯表達對現狀的不滿，最後終於出現批評時政的大字報。四月五日中共公安部門為了清除廣場上的花圈終於和聚集群眾爆發流血衝突，晚間警察持棍棒驅逐廣場民眾，事後現場血跡斑斑，但據信無人在此事件中喪生。

圖 30　六四天安門事件，抗議學生在
天安門廣場上豎立象徵民主的女神像
（來源：Reuters）

化道路退回小農經營格局，以求糧食生產重新恢復積極性。最後大規模對
資本主義世界開放沿海城市，以龐大的市場為誘因，以吸引外資，力求加
速中國大陸經濟的發展。

鄧小平體制的成果與危機

　　鄧小平所主導的中共政權在國民經濟上獲致相當的成功，中國大陸十
餘年來以平均近 10% 的經濟成長成為全球生機最蓬勃的經濟體之一，然而
舊體制轉換為新體制的過程仍連帶爆發難以解決的併發症。北京中央所無
力壟斷的新滋生的社會經濟利益，由地方次團體所瓜分，導致中央對於權
力掌控的危機感；地方各層級在吸收了或多或少的利益分紅後，結成大大
小小的利益團體，在社會治安、政治發言權、財政分配上對北京形成挑戰；
新的遊戲規則令舊制度下成長的一代無所適從，導致類似 1989 年天安門事
件的群眾不安。最具震撼力的變動可能來自農村，由於引進資本主義生產

方式，舊的農村控制系統瓦解，農村隱藏性失業人口大量流出，估計至 1990 年代前期中國大陸的「民工潮（盲流）」流動人口已在一億上下。如何化解因經濟發展所併發的這些失控問題，將是中國大陸未來發展的重要關鍵。

至於鄧小平過去挑選的繼承人——胡耀邦、趙紫陽——的先後失勢，以及在此經濟、社會背景下 1989 年（民國七十八）爆發的「六四天安門事件」，則是蓬勃發展經濟情勢下隱憂的凸顯。

六四天安門事件以後，中共內部的權力鬥爭在鄧小平的主導下進行，最後江澤民擊敗競爭者，成為鄧小平的接班人和檯面上的領導人。

1997 年九月十二日中國共產黨第十五次全國代表大會（簡稱「中共十五大」）在北京召開。由於這是鄧小平病逝後中共黨章規定的最高權力機關所召開的第一次會議，也因此被視作是觀察中共高層政治動向的指標。原中共政治局排名第三的常務委員喬石不在新當選的中央委員會名單內。喬石此舉一方面在於以身作則，樹立年滿七十歲即退休的規範；然而另方面，當時也已高齡七十一歲的江澤民依舊繼續當選總書記，可以解讀為在鄧小平死後，江澤民確實已穩坐中共黨內最高權力寶座。而以保障國內政局穩定為由，江澤民也不受屆齡退休規定的約束。

中共十五大閉幕隔日——1997 年九月十九日，中共第十五屆中央委員召開第一次全體會議（簡稱「十五屆一中全會」），選出二十二名中共中央政治局委員，代表著整個中國共產黨最高領導階層，而其中的七名政治局常委——江澤民、李鵬、朱鎔基、李瑞環、胡錦濤、尉健行、李嵐清，更是中共權力核心的象徵。

2002 年十一月八日，中共召開第十六次全國代表大會，高齡七十六歲的江澤民雖然不再續任中央委員，亦即勢必不再連任政治局常委以及總書記兩個職務，然而十一月十五日舉行的十六屆一中全會，仍然選舉江澤民為中共中央軍事委員會主席。中共十六屆一中全會所選出的政治局常委共有九名，他們是胡錦濤、吳邦國、溫家寶、賈慶林、曾慶紅、黃菊、吳官正、李長春、羅幹。十五屆政治局常委除接班的胡錦濤之外全部退出政治局。江澤民雖續任中央軍事委員會主席，但在 2004 年將此一職位交給胡錦

濤，以胡錦濤、溫家寶為主的領導體制進一步鞏固。

　　2007 年十月十五日，中共召開第十七次全國代表大會，會後於十月二十二日舉行十七屆一中全會，除了強化胡錦濤、溫家寶的領導核心外也為下一梯次的接班做了準備工作。會中選出胡錦濤、吳邦國、溫家寶、賈慶林、李長春、習近平、李克強、賀國強、周永康為中央政治局常委，胡錦濤為中央委員會總書記，並再次決定胡錦濤為中央軍事委員會主席。2012 年十一月八日中共再召開第十八次全國代表大會，並進行權力接班。十一月十五日舉行十八屆一中全會，選舉習近平、李克強、張德江、俞正聲、劉雲山、王岐山、張高麗為中央政治局常委。與之前江澤民留任中央軍事委員會主席不同，胡錦濤在交出黨領導權之時，同時交出軍權裸退，習近平擔任中央委員會總書記兼中央軍事委員會主席。2013 年三月習近平接任國家主席，李克強擔任國務總理，完成國家機器的接班。

經濟降溫政策

　　自 1997 年鄧小平「南巡」之後，中國曾經長達四年以每年超過 10% 的經濟增長速度快速成長，後雖經總理朱鎔基適度「降溫」，從 1996 年至 2003 年仍舊維持著 7% 至 9% 的年增長率。2000 年中國全年國內生產總值 (GDP) 突破一兆美元，成為全世界第六大經濟體，僅次於美、日、德、法、英。這種狂飆式的經濟成長，固然藉由國際分工與進出口貿易，帶動了周邊國家某些產業的興榮，然而卻也普遍地造成資金排擠效應，包括臺灣在內，不少鄰近國家因為資金大量地外流至中國，而出現國內投資不足、失業率上升現象，其中尤以遭中國替代的低階工業生產最為嚴重。同時，還由於中國高污染工業快速增長，造成東北亞地區空氣品質快速惡化，酸雨問題日益嚴重。2004 年以後，中共政權為避免經濟過速發展可能帶來的危機，曾經一再採取「降溫」政策。

　　整體而言，中國的平均國民所得雖然離已開發國家尚有一段差距，但其經濟規模仍持續增長。2008 年國際發生金融危機，全球經濟重創，相較之下，中國仍是經濟復甦甚至持續成長最明顯的經濟體。2010 年第二季，

中國更超越日本，成為僅次於美國的世界第二大經濟體。不過，從 2009 年下半年開始，中國人民銀行對於經濟過熱，特別是股價、房價的高漲，也採取了一定的貨幣緊縮政策。2015 年由於經濟成長趨緩，人民銀行啟動降息，希望刺激景氣，六月底由於股價下滑，更展開救市的措施。

習　題

一、中共如何藉韓戰，消滅其內在可能的反共力量？

二、中共如何發動大鳴大放，進行鬥爭？

三、中共政權的開放改革，造成何種問題，並待解決？試說明之。

第三節　臺海兩岸的交流與展望

中共政權的基本立場

自從民國三十八年 (1949) 中華人民共和國在北京成立以後，中共政權便以中國唯一合法的政權自居。其對臺海兩岸的基本立場一貫是以「統一臺灣」為目的，不同的只是強調「武力」或是「和平」的手段而已。因此，如何使中華民國政府的國際空間進一步受到打壓，甚至使中華民國政府在國際舞臺上淪為其一部分的地方政府，始終是中共政權外交戰的終極目的。而無論是強調武力或是和平的手段，它基本上也不排斥和平或武力手段的宣傳。

在此情形下，中共政權無論其主張如何改變，其姿態強硬或是溫和，將中華民國政府視同其治下的地方政府，則是其基本立場，以此一立場作為其政策原則。

一國兩制及三通

民國六十八年 (1979) 一月，是中共政權十幾年來對臺政策基調形成的

關鍵時刻。首先，中共政權的全國人大常委會發表所謂的〈告臺灣同胞書〉，倡議兩岸之間的三通（通商、通航、通郵）四流（經濟交流、文化交流、科技交流、體育交流）。同年十月，鄧小平表示承認臺灣是地方政府，並認為臺灣社會制度、軍隊都可以保留，也可以擁有廣泛的自治權，成為中華人民共和國下的特區。到了民國七十年 (1981)，中共政權的人大常委會委員長葉劍英，提出所謂的「葉九條」。其中除了更具體描述前述的主張外，並要求國、共兩黨進行黨對黨的談判，進行所謂的第三次國共合作。

　　民國七十三年 (1984)，鄧小平更明白提出「一國兩制」的主張。此一主張是透過中共政權與英國政府談判香港前途問題的過程中逐漸形成的，對中共政權而言，它不獨適用於香港，更希望適用於臺灣。而無論是三通四流或是一國兩制，其基本的架構皆是以中華人民共和國作為「中國唯一政權代表」，而企圖將臺灣「香港化」。為達此一目的，中共政權除了宣示三通四流或一國兩制的訴求外，更積極打壓我國在國際上的地位，壓縮臺灣的國際外交空間。基本上此二種似乎不一致的行動，卻都是為了達成中共政權併吞臺灣的企圖之重要手段。

三不政策

　　面對中共政權的和談主張與實質的打壓，我國政府則是以三不政策回應，反對官方的接觸與談判，並拒絕與中共政權妥協。就此而言，三不政策實際上有兩種不同的意義存在。首先在「動員戡亂時期」，中華民國政府將中共政權視為叛亂團體，因此拒絕承認中共政權的法律地位，甚至不認為其是一「政治實體」，而有此一回應。後來，縱使「動員戡亂時期」結束，由於中共政權的基本架構是以其為中央政府，而視我方為地方政府，因此，三不政策是對抗中共政權矮化我國政府的一種政策。加上國人的共識尚未形成，因此三不政策就沿襲下來。

　　其後，由於解嚴以後國內外情勢丕變，中共政權又採取種種優惠措施利誘臺商，期收「以民逼官」之效。而我國政府在「動員戡亂時期」終止後，對於中共政權的定位已然改變，因此三不政策的原則固然不變，其運

用則更為彈性。目前，在國際場合只要國家的尊嚴得到一定的尊重，如亞太經合會或亞銀，我國官方並不排斥與中共官員或代表平等接觸。相對地，中共政權對此則十分排斥，必欲將我方置於其地方政府的地位而後快。

開放探親

由於雙方的武裝對抗的形勢，已有一定程度的緩和，而跟隨中華民國政府來臺的軍民，年紀又已逐漸老大，對於故鄉親友的狀況亦十分關心。在民主化的過程中，老兵返鄉探親成為一個人道的訴求。因此，在民國七十六年 (1987) 開放臺灣住民往中國大陸探親。以後，探親的條件逐漸放寬，曾進入中國大陸的臺灣住民人數大增，臺海兩岸的交流進入了新的階段。

而隨著臺灣住民進入中國大陸探親，則如何規範中國大陸人民在中華民國政府有效統治區域的權利、義務，乃至於如何規範臺海兩岸之間的交流形式、範圍，以及彼此之間的定位問題，日益成為中華民國政府的重要工作。

六四天安門事件的衝擊

中國大陸在鄧小平推動經濟改革以後，政治路線與經濟路線歧異、矛盾逐漸出現，經濟改革造成城鄉差距、貧富差距日益明顯。而在嚴重的通貨膨脹及民主的要求出現檯面的時代背景下，民國七十八年 (1989) 北京發生了六四天安門事件。雖然此次鎮壓的行動，並沒有比過去軍事的鎮壓嚴重，卻因為西方媒體記者得以在現場報導，透過大眾傳播，此一事件震撼了民主世界。

由於對中共政權所採取的血腥鎮壓不滿，西方民主國家紛紛對中共政權採取軍事、政治、經濟各個層面的制裁或抵制行動，而臺灣也舉行一連串的聲援行動。但是，就在西方先進國家與中國大陸的關係處於低潮之時，雖然在動員戡亂體制之下，臺灣與中國大陸的間接貿易，以及臺商赴中國大陸的投資行動，卻相反地乘此機會熱烈展開。配合中共政權的特別獎勵措施，臺灣與中國大陸的經貿關係，名義上固然是間接，而且有時尚必須

付出許多額外的成本，臺商的中國大陸熱乃逐漸展開。

臺海兩岸關係新規範的追求

　　面對臺海兩岸交流可能引發的問題，以及日趨熱絡的經貿關係，中華民國政府便努力建立一套兩岸關係的新規範，甚至為了避免大陸熱過熱，影響臺灣的產業升級，以及造成新的利益遊說團體等問題，進行政策面的思考與調整。

　　如前所述，民國八十年 (1991)「動員戡亂時期」⓮結束後，臺海兩岸的關係，對中華民國政府而言，已經進入一個嶄新的時代。因此，為了在此一新的情勢下，規範臺海兩岸的關係，李登輝總統遂於總統府內成立「國家統一委員會」，並且制定《國家統一綱領》。以臺海兩岸政治互動的情形，設計臺海兩岸交流的範圍與速度。希望能以維護臺灣地區的安全，以及臺灣住民的權益為前提，來處理兩岸關係的開展。最後並期望在民主、自由、均富制度下，以和平的方式來解決統一問題。

　　另外一方面，則主張臺灣海峽兩岸現階段是處於分裂、分治的狀態，認為中華民國政府與「中華人民共和國政府」是兩個對等的政治實體，「中

⓮　動員戡亂時期的合法性基礎及意義：民國三十七年，第一屆國民大會第一次會議為因應時局變化，於四月十五日之第九次大會中，通過莫德惠等一千二百零二人提議之「請制定動員戡亂時期臨時條款案」，經三讀，於四月十八日通過，五月十日公布施行，自此「動員戡亂時期」正式取得準憲法位階的合法性基礎，直至民國八十年五月十日始宣告終止。

動員戡亂時期之法律依據為《動員戡亂時期臨時條款》，其制定之本意在賦予總統之緊急處分權，不受憲法既有規定程序之限制，然以時局變易，漸次擴充，以致大幅擴增總統權力，影響政治現實。如於民國五十五年一屆國大四次會中增加「總統為適應動員戡亂需要得調整中央政府之行政機構及人事機構，並對於依選舉產生之中央公職人員，因人口增加或因故出缺，而能增選或補選之自由地區及光復地區，均得訂頒辦法實施之」條款，爰有動員戡亂時期國家安全會議之設置，《動員戡亂時期自由地區中央公職人員增選補選辦法》之訂定。

而以現實局勢變易，為適應現實需要之「臨時條款」亦告廢止，顯示出動員戡亂時期此一辭彙涵綴之意義的現實性格。

華人民共和國」的主權則從未及於臺灣。而在臺灣的中華民國政府，有權利在國際上開創主權國家所應有的空間。

除此之外，在法律層面則以「憲法增修條文」作為依據，制定了《兩岸人民關係條例》，限制中國大陸人民在中華民國統治區域內的相關權利、義務事項。另一方面，則也規範了臺灣的住民在兩岸交流的問題上，相關的法律保障及限制事項。

政黨輪替前臺海兩岸的官方互動

中華人民共和國的對臺政策，自 1949 年以來一直是以軍事「解放臺灣」為主軸。然而 1979 年與美國建交之後，中共官方對外開始避免使用「解放臺灣」四個字，而改採「和平解決臺灣問題」。1987 年臺灣開放國人赴中國大陸旅遊探親之後，臺、中雙方的官方接觸也隨即展開。1990 年十一月中華民國行政院設立「大陸工作委員會」（簡稱「陸委會」），同時成立以官股為主的「財團法人海峽交流基金會」（簡稱「海基會」），前者作為中國政策的執行機關，後者則主要扮演與中國官方接觸的「白手套」。一年之後的 1991 年十二月，中國方面相應成立了「海峽兩岸關係協會」（簡稱「海協會」），作為與海基會來往的「對口單位」。臺灣與中華人民共和國史無前例的官方接觸於焉展開。雙方的接觸談判，在 1993 年四月於新加坡舉行的「辜汪會談」中達到高峰，簽署了四項協議，包括《兩岸公證書使用查證》、《兩岸掛號函件查詢與補償事宜》、《海基海協兩會的聯繫與會談制度》，以及《辜汪會談共同協議》等。

因我方的態度未符中共政權期待，1995 年一月，中共政權領導人江澤民提出「江八點」，作為處理臺海兩岸問題的基本架構，以「一個中國」為前提，意圖造成臺灣與中國問題乃是中國內政問題的假相。李登輝總統則以「李六條」回應，強調必須在臺灣與中國大陸現實上屬於兩個互不隸屬的政治實體前提下，才有討論兩岸未來統一方式的可能。

然而就在 1995 年上半年「江八點」與「李六條」相繼發布之後不久，李登輝總統於同年六月以私人身分前往美國康乃爾大學參加校友會，卻引

起中共決策層的強烈反應，不僅動員官方媒體展開蓋天彌地的抨擊，同時並於 1995 年七月七日宣布對臺灣北部海域進行導彈試射。臺灣與中國的軍事緊張關係持續超過八個月，直到 1996 年三月二十三日李登輝以超過 50% 的得票率當選中華民國第一屆民選總統，中共的軍事恫嚇才暫時緩和下來。這八個多月的臺海軍事危機，被稱作是 1950 年代臺海危機之後的「第二次臺海危機」。

　　1996 年之後的臺、中關係繼續沉寂近兩年，1998 年之後北京方面態度始逐漸軟化，同意海基會董事長辜振甫於該年十月十四日訪問上海，與海協會會長汪道涵進行「辜汪會晤」，隨後辜振甫並前往北京，與當時的中共總書記江澤民舉行會談。雖然臺、中官方至此似乎恢復對話，然而氣氛仍極度詭譎，中共當局試圖強迫臺灣接受其「一個中國」、「臺灣是中國一部分」、「一個中國就是中華人民共和國」的三段論述，臺灣有逐漸被矮化為中國之地方政府的危機。為此李登輝總統於 1999 年七月九日接受德國媒體採訪時，以「憲法增修條文」的架構為基礎，明白提出臺灣與中國關係為「特殊的國與國關係」，此一主張被輿論通稱為「兩國論」，至此臺、中關係再次走向緊張，解放軍旋即於中國東南沿海展開大規模軍事演習，並透過中、港媒體發言恫嚇。同年十月一日為中華人民共和國建國五十週年，北京天安門廣場舉行盛大閱兵典禮，展示多項武器裝備，包括短、中、長程各式地對地戰術、戰略飛彈。

「一國兩制」的問題

　　因為所謂「一國兩制」式的「高度自治」，縱使中共政權能信守諾言，其體制下臺灣住民的生活方式或基本人權，都比不上既有的一切。更何況在中共政權的構想中，「一國兩制」也只是過渡的安排，最後臺灣終究必須接受社會主義的體制。

　　就此而言，中共政權的基本要求，根本不符合臺灣住民的利益與意願，中華民國政府及臺灣住民對此並沒有接受的可能。

民進黨執政期間臺海兩岸的官方互動

2000 年三月十八日，臺灣舉行第十屆總統大選，民進黨候選人陳水扁當選，大出中共當局意料之外，當天晚間中共中央臺灣工作辦公室（中臺辦）、國務院臺灣事務辦公室（國臺辦）發表聲明，表示：「對臺灣新領導人我們將聽其言觀其行，對他將把兩岸關係引向何方，拭目以待。」此後直至 2004 年三月陳水扁連任第十一屆中華民國總統，臺、中官方互動均無進一步之發展。

2005 年中華人民共和國通過《反分裂法》，再次試圖用「武力犯臺」恫嚇，希望以不惜破壞和平的態勢，阻止國際社會對臺灣主體性追求的支持，並且壓迫臺灣接受其解決所謂臺灣問題的框架。問題是，中華人民共和國以「一個中國」架構將臺灣視為地方政府，與臺灣主流民意的發展方向，差距甚大。

民進黨執政期間的兩岸經貿關係

從民國七十六年 (1987) 開放赴中國探親以來，臺灣廠商赴中國大陸投資，以及臺灣與中國的經貿關係日漸成長，目前已經成為臺灣對外經貿關係相當重要的一環❺。

至李登輝總統執政晚期的民國八十八年 (1999) 為止，臺商投資中國佔我國國內生產毛額 (GDP) 比重維持在千分之五上下。陳水扁就任總統後，先召開經發會，將對中經貿政策定調為「積極開放、有效管理」，行政部門大幅放寬廠商投資中國的限制，其中工業產品開放投資比率高達 98.58%。根據政府統計，在陳水扁第一任總統任期，臺商投資中國金額佔 GDP 比重由民國八十九年 (2000) 的 0.9% 快速增加到民國九十三年 (2004) 的 2.2%。民國九十五年 (2006)，雖然政府提出「積極管理、有效開放」政策，次年臺商投資中國比重仍高達 2.61%，創下歷史新高。由 2005 年 4 月美國國會「美、中經濟與安全委員會」發布的報告可知，臺商對中國的投資，約佔

❺ 本節相關資料，係參考林向愷、王塗發等人的研究所得。

中國接受海外直接投資金額的一半，逼近三千億美元。官方統計指出，陳水扁總統執政期間，平均每年核准赴中國投資的金額，為李登輝總統執政時期的四倍。

就貿易而言，臺灣對中國的進出口依賴度亦迅速增加。民國八十九年，臺灣對中國出口的依賴度為 24.0%，民國九十六年已突破 40%。臺灣自中國進口的依賴度，亦由民國八十九年的 6.0%，增為民國九十七年的 13.7%。

國民黨再執政後的臺海兩岸關係演變

民國九十七年第二次政黨輪替後，馬英九就任總統，傾向「一個中國，各自表述」的立場，宣示「外交休兵」，一時之間臺海兩岸關係稍見和緩。然而，中華人民共和國政府仍未放棄打壓臺灣的外交空間。

在經貿及投資方面，馬英九總統對中國採取更開放的政策。包括開放空運直航完成三通、開放觀光客來臺、開放人民幣兌換、放寬廠商投資中國上限、開放十二吋晶圓廠赴中國生產、開放中資來臺、放寬中國配偶的配額、簽訂備忘錄 (MOU) 開放銀行赴中投資，以及與中國簽訂《兩岸經濟合作架構協議》(ECFA) 等等。而簽署 ECFA 對臺灣經濟可能造成的影響，朝野認知差異甚大，爭議不斷。當時針對 ECFA 的審查，不僅朝野意見不同，行政部門與立法部門之間也不同調。根據經濟部的統計，民國九十九年 (2010) 核准赴中國投資金額較前一年倍增。而上市櫃公司匯往中國資金，則達 1750 億元。對中國的出口依存度為 41.8%，進口依存度提高到16.23%。無論是投資或是經貿，臺灣對中國的關係達到新的高點。純就經貿角度而言，違背了「風險分攤」的基本原則。

民國一○三年（2014 年）三月，簽訂前保密的〈海峽兩岸服務貿易協議〉在立法院內政委員會審查過程中，行政院強調必須維持原狀通過（不可修正），又在程序有爭議的狀況下被主席裁示通過委員會審查，引爆臺灣有史以來規模最大，占領立法院議場的「太陽花學運」，最多時有數十萬人（一說五十萬人）參與。由於國內爭議甚大，〈海峽兩岸服務貿易協議〉審查暫告中止。除〈海峽兩岸服務貿易協議〉外，包括「自由經貿示範區」

也因為被認為與中國經貿關係密切，爭議不斷。

雖然如此，2015 年七月中華人民共和國通過《國家安全法》，不顧臺灣人民的意願，在第十一條規定「維護國家主權、統一和領土完整是包括港澳同胞和臺灣同胞在內的全體中國人民的共同義務」。由於中華人民共和國片面強將臺灣視為其主權的一部分，納入其國內法的規範，未來臺海兩岸的關係更趨嚴峻。

國家定位的爭議與臺海兩岸關係

長期以來臺灣內部國家定位爭議的問題，也在臺灣自由化、民主化改革之後，正式成為重要的政治問題。如前所述，終止動員戡亂以及《中華民國憲法增修條文》，是臺灣民主化改革的重要里程碑。不過，就憲政體制而言，中華民國政府也放棄了自己是中國唯一合法代表的「一個中國」正統思想。如此一來，如何定位在臺灣的中華民國或是臺灣與中華人民共和國的關係，就逐漸成為必須面對的問題。特別是，雖然在國際政治舞臺上，所謂的「一個中國」雖是中華人民共和國，但是許多國人對中國的認識卻包含文化、歷史等複雜的概念，因此國家定位問題，或是臺灣與中國未來的關係定位問題，在臺灣仍然沒有共識。所以，2006 年，陳水扁總統原本傾向採取廢除「國統綱領」、「國統會」的方式回應，在美國表達關心後，決定「國統會」終止運作，而行政院院會則正式決議終止「國統綱領」的適用，表明反對《反分裂法》，在國內也出現反對、批評的意見。不過，在自由民主體制之下，人民的意志是決定未來國家發展的合法性的基礎。未來如何透過自由民主機制的運作，以溝通互動形成人民的共識，將是解決爭議的合理方法與途徑。

習　題

一、試述中共政權「一國兩制」主張的形成，及其對臺的目的。

二、中共政權對臺政策的基調為何？其問題何在？

三、中共政權推動其併吞臺灣的陰謀，對中國大陸將造成何種不利的影響？

參考書目

1. 《中華民國初期歷史研討會論文集》，臺北：中央研究院近代史研究所，1984 年。

2. 小野川秀美，林明德（等譯），《晚清政治思想研究》，臺北：時報，1982 年。

3. 王爾敏，《中國近代思想史論》，臺北：臺灣商務印書館，1995 年。

4. 王爾敏，《晚清政治思想史論》，臺北：臺灣商務印書館，1995 年。

5. 王健民，《中國共產黨史》，臺北：漢京，1988 年。

6. 石田浩，《臺灣經濟的結構與開展》，臺北：稻鄉出版社，2007 年。

7. 余英時，《中國近代思想史上的胡適》，臺北：聯經，1984 年。

8. 李雲漢，《從容共到清黨》，臺北：中國學術著作獎助委員會，1966 年。

9. 李定一，《中國近代史》，臺北：中華書局，1978 年。

10. 李定一（等編），《太平軍》，《中國近代史論叢》第 1 輯第 4 冊，臺北：正中書局，1956 年。

11. 李定一（等編），《自強運動》，《中國近代史論叢》第 1 輯第 5 冊，臺北：正中書局，1956 年。

12. 李守孔（編），《民初之國會》，臺北：正中書局，1977 年。

13. 李守孔，《中國近代史》，臺北：幼獅，1988 年。

14. 李守孔，《中國近代史》，臺北：三民書局，1984 年。

15. 汪榮祖，《晚清變法思想論叢》，臺北：聯經，1983 年。

16. 吳密察（編撰），《唐山過海的故事：臺灣通史》，臺北：時報，1987 年。

17. 周策縱，《五四運動史》（上冊），臺北：桂冠，1989 年。

18. 林能士，《清季湖南的新政運動》，臺北：臺灣大學文史叢刊，1972 年。

19. 胡春惠、林能士，《中國現代史》，臺北：華視文化，1992 年。

20. 胡春惠（編），《民國憲政運動》，臺北：正中書局，1978 年。

21. 若林正丈，《臺灣》，東京：東京大學出版會，1992 年。

22. 荊知仁，《中國立憲史》，臺北：聯經，1984 年。

23. 郭廷以，《近代中國史綱》，香港：香港中文大學，1980 年。

24. 曹伯一，《江西蘇維埃之建立及其崩潰》，臺北：政治大學東亞研究所，1969 年。

25. 《清季自強運動研討會論文集》，臺北：中央研究院近代史研究所，1988 年。

26. 國立編譯館，《中國近代現代史》，臺北：幼獅，1974 年。

27. 張玉法，《中國現代政治史論》，臺北：東華書局，1988 年。

28. 張玉法（主編），《中國現代史論集》10 冊，臺北：聯經，1982 年。

29. 張朋園，《梁啟超與民國政治》，臺北：食貨出版社，1978 年。

30. 張朋園，《梁啟超與清季革命》，臺北：中央研究院近代史研究所，1964 年。

31. 張朋園，《立憲派與辛亥革命》，臺北：中央研究院近代史研究所，1969 年。

32. 張忠棟，《胡適五論》，臺北：允晨文化，1987 年。

33. 黃昭堂，《臺灣總督府》，東京：教育社，1989 年。

34. 黃昭堂，《臺灣民主國之研究》，臺北：財團法人現代學術研究基金會，1993 年。

35. 黃榮洛，《渡臺悲歌：臺灣的開拓與抗爭史話》，臺北：臺原發行，1989 年。

36. 費正清、劉廣京（主編），張玉法（主譯），《劍橋中國史·晚清篇》，臺北：南天書局，1987 年。

37. 張玉法，《中國現代史》，臺北：東華書局，1978 年。

38. 隅谷三喜男、劉進慶、涂照彥，《臺灣の經濟》，東京：東京大學出版會，1991 年。

39. 楊碧川，《日據時代臺灣人反抗史》，臺北：稻鄉出版社，1988 年。

40. 蔣永敬，《鮑羅廷與武漢政權》，臺北：傳記文學出版社，1972 年。

41. 鄭學稼，《中共興亡史》，臺北：著者自印本，1984 年。

42. 賴澤涵、馬若孟、魏萼，羅珞珈（譯），《悲劇性的開端》，臺北：時報，1993 年。

43. 薛化元，《民主憲政與民族主義的辯證發展》，臺北：稻禾出版社，1993 年。

44. 薛伯元，《晚清「中體西用」思想篇 (1861–1900)：官定意識形態的西化理論》，臺北：稻鄉出版社，1991 年。

45. 薛化元總編輯，《臺灣貿易史》，臺北：外貿協會，2008 年。

46. 戴玄之，《中國秘密宗教與秘密會社》，臺北：臺灣商務印書館，1990 年。

全新 歷 史 巨獻

中國斷代史叢書

穿梭古今　遨遊歷史

集合當前頂尖陣容，給您最精采、最詳實的中國歷史

 先秦史　朱鳳瀚　　　　 遼金元史　張　帆

◆ 秦漢史　王子今　　　　◆ 明　史　王天有、高壽仙

◆ 魏晉南北朝史　張鶴泉　　◆ 清　史　郭成康

◆ 隋唐五代史　王小甫　　　◆ 中國近代史　李喜所、李來容

◆ 宋　史　游　彪

秦漢史——帝國的成立　　　　　　　　　　王子今／著

　　秦漢時代「大一統」政治體制基本形成，「皇帝」從此成為中國的主人，秦始皇、楚漢相爭、漢武帝、王莽代漢的史事，在此輪番上演。在作者精心的串聯下，拼湊出秦漢時代的嶄新面貌。您知道為什麼認真的秦始皇底下會出現暴政？為什麼東漢神童特別多？本書將與您一同體驗歷史。

隋唐五代史——世界帝國‧開明開放　　　　王小甫／著

　　隋唐王朝，是中國歷史上最璀璨的時代。文治武功鼎盛，「天可汗」的威儀傲視天下。經濟繁榮發達，社會活潑開放，繁華熱鬧的長安展現世界帝國首都的氣勢。這是唐太宗的帝國、李白的世界，出現中國歷史上空前絕後的女皇帝，氣勢恢弘的時代精神、富麗堂皇的藝術風格，為這「世界帝國」下了最佳註腳！

明史——一個多重性格的時代　　　　王天有、高壽仙／著

　　明代在政治上專制皇權進入前所未有的高峰，經濟上工商業的繁榮也帶動了社會、文化的活躍，但也使新的問題油然而生，成為明朝不得不面對的新挑戰。想知道朱元璋如何一統天下、鄭和為什麼七下西洋，瞧一瞧皇帝身邊最勾心鬥角的宮廷世界、群臣士大夫的力挽狂瀾，見識明代富庶、奢靡的生活情趣，那你千萬不可錯過！

中國近代史——告別帝制　　　　李喜所、李來容／著

　　鴉片戰爭以來，中國面臨了三千年未有的大變局。一方面是內外交逼，國將不國；另一方面是一代代的中國人投身救國救民的行列。清政府在變局中被動地回應外來的刺激，終於導致了自身的滅亡，宣告持續了兩千多年的皇帝制度從此在中國壽終正寢。儘管新的共和國風雨飄搖，但告別帝制，走向共和，已然是世界潮流，無法逆轉。

中國近代史（增訂五版）　　　　　　　　李雲漢／著

本書為提供讀者完整的知識基礎，使之清楚了解近代中國劇變的始末，以明末中外歷史情事展演為起點，同時著眼當前情勢，乃是1949年後兩岸不斷磨合下的產物，跳脫「中國」的框架與迷思，將敘事長度延伸至定稿的前一刻。是一部層次分明的中國近三百五十年史。

臺灣開發史（修訂五版）　　　　　　　　薛化元／編著

臺灣有文字記載的歷史時代大約從十七世紀開始，距今不過四百年左右。但是若以臺灣島作為歷史研究的對象，單單原住民諸族群社會文化的傳承，臺灣歷史就非短短四百年所能涵蓋。本書以考古與原住民社會作為開端，迄於戰後臺灣的歷史發展，除討論臺灣政治歷史發展之外，對於人民生活及社經文化的演變亦多著墨。透過本書，對於臺灣整體的歷史圖像當有較全面性的認識。

中國現代史（增訂八版）　　　　　　　　薛化元／編著

本書分題論列中國與臺灣現代歷史的發展脈絡，並評析其歷史涵義。對於這段歷史過程中的重大事件，論述不求其詳備，而取其精義，並與時俱進，希望能讓讀者有系統而概念性的理解。關於這段歷史過程中譁莫難明的史事，也參酌最新研究成果，務求確實無訛，盼望亦能讓讀者有超越傳統歷史論述的認知。

中國現代史（修訂四版）
薛化元、李福鐘、潘光哲／編著

本書除詳盡論列中國現代歷史的發展外，並具有與坊間一般論著不同的特點：一、雖也以國民黨的發展為主軸，但在國共關係的演變上，亦著墨甚多；二、除了詳述二次大戰後臺灣的發展之外，對於中國大陸政經演變，也有詳細的說明。全書不落俗套，綱舉目張，使讀者展卷之始，即能掌握脈絡與涵義所在，值得再三省覽。

臺灣史（修訂五版）　　　　　　　陳鴻圖／編著

臺灣，歷史的多變，造就豐富的文化特質。原住民首先登上歷史舞臺，荷蘭人東來臺灣進入了大航海時代。鄭氏王朝和滿清政府的經營，則奠下傳統文化的基礎。日本的殖民統治，對於臺灣步入現代化亦有所影響，而回歸國民政府的臺灣，在各方面皆展現出不撓的生命力。請一同貼近臺灣，讓我們為您介紹屬於臺灣的故事！

新臺灣史讀本　　　　　　　　江燦騰、陳正茂／著

《新臺灣史讀本》之所以「新」，在於其與時俱進，內容涵蓋史前史乃至當前臺灣最新的政治動向。跳脫政治更迭與經濟變遷之窠臼，文學、美術、戲劇、音樂、電影、舞蹈也都走進臺灣史，刻劃各時期的政治氛圍及經濟糾葛。為何現代文學與鄉土文學針鋒相對？臺灣電影的載浮載沉從何說起？雲門舞集如何躍上國際舞臺，成為臺灣人的驕傲？本書將給您耳目一新的臺灣史！